Sviluppo Web con PHP, MySQL e JavaScript

Introduzione

- •Introduzione allo Sviluppo Web
- •Come utilizzare questo libro

Parte 1: Fondamenti di PHP

Capitolo 1: Introduzione a PHP

- •PHP Intro
- •PHP Install (Installazione di XAMPP/WAMP/MAMP)
- •PHP Sintassi
- •PHP Commenti

Capitolo 2: Variabili e Tipi di Dati in PHP

- •PHP Variabili
- •PHP Echo / Print (Output di dati)
- •PHP Tipi di Dati
- •PHP Stringhe
- •PHP Numeri
- •PHP Casting (Conversione di tipi)
- •PHP Costanti
- •PHP Costanti Magiche

Capitolo 3: Operatori e Strutture di Controllo

- •PHP Operatori (Aritmetici, di Assegnazione, di Confronto, Logici, ecc.)
- •PHP If...Else...Elseif (Condizioni)
- •PHP Switch (Condizioni multiple)
- •PHP Cicli (For, While, Do...While, Foreach)

Capitolo 4: Funzioni e Array

- •PHP Funzioni (Creazione e utilizzo di funzioni)
- •PHP Array (Array indicizzati, associativi, multidimensionali)
- •PHP Funzioni Matematiche (PHP Math)

Capitolo 5: Superglobali e Espressioni Regolari

- •PHP Superglobali (GET, POST, REQUEST, SESSION, COOKIE, FILES, SERVER, ENV, GLOBALS)
- •PHP RegEx (Espressioni Regolari)

Capitolo 6: Gestione dei Form PHP

- •PHP Gestione dei Form (Form Handling)
- •PHP Validazione dei Form
- •PHP Campi Obbligatori nei Form
- •PHP Validazione URL/E-mail nei Form

Sviluppo Web con PHP, MySQL e JavaScript

- •SQL Server Functions
- •MS Access Functions
- •SQL Quick Ref
- •SQL Esempi
- •SQL Editor (Panoramica degli strumenti)
- •SQL Quiz
- •SQL Esercizi
- •SQL Server (Introduzione)
- •SQL Syllabus
- •SQL Study Plan
- •SQL Bootcamp
- •SQL Certificate
- •SQL Training
- •SQL Tutorial
- •Imparare SQL (Risorse aggiuntive)

Parte 4: Connessione PHP e MySQL

Capitolo 18: Connettere PHP a MySQL

- •MySQL Database (Riepilogo)
- •MySQL Connect (Connessione a un database MySQL con MySQLi/PDO)
- •MySQL Create DB (Creazione di un database tramite PHP)
- •MySQL Create Table (Creazione di tabelle tramite PHP)
- •MySQL Insert Data (Inserimento di dati tramite PHP)
- •MySQL Get Last ID (Ottenere l'ID dell'ultimo record inserito)
- •MySQL Insert Multiple (Inserimento di più record)
- •MySQL Prepared Statements (Prepared Statements per sicurezza e prestazioni)
- •MySQL Select Data (Selezione di dati tramite PHP)
- •MySQL Where (Filtrare dati selezionati)
- •MySQL Order By (Ordinare dati selezionati)
- •MySQL Delete Data (Eliminare dati tramite PHP)
- •MySQL Update Data (Aggiornare dati tramite PHP)
- •MySQL Limit Data (Limitare i risultati)

Parte 5: Interazione con JavaScript (Vanilla JS)

Capitolo 19: Introduzione a JavaScript

- •JS Tutorial
- •JS Introduction (Cos'è JavaScript)
- •JS Where To (Dove inserire JavaScript)
- •JS Output (Come mostrare output)
- •JS Syntax

- •JS Variables (Variabili e Scope)
- •JS Operators

Capitolo 20: Strutture di Controllo e Funzioni JavaScript

- •JS If Conditions
- •JS Loops
- •JS Functions (Dichiarazione e chiamata di funzioni)
- •JS Programming (Principi di programmazione)

Capitolo 21: Tipi di Dati e Oggetti Fondamentali

- •JS Strings
- •JS Numbers
- •JS Oggetti (Introduzione agli oggetti)
- •JS Date (Lavorare con le date)
- •JS Arrays (Array in JavaScript)
- •JS Typed Arrays
- •JS Sets (Set di dati)
- •JS Maps (Mappe di dati)
- •JS Math (Funzioni matematiche)
- •JS RegExp (Espressioni regolari)
- •JS Data Types (Tipi di dati avanzati)
- •JS Errors (Gestione degli errori)

Capitolo 22: Eventi e Interazione con l'HTML

- •JS Events (Gestione degli eventi)
- •JS HTML DOM (Document Object Model)
- •JS Windows (Oggetto Window)

Capitolo 23: JavaScript Avanzato e Web API

- •JS Funzioni (Approfondimento)
- •JS Oggetti (Approfondimento)
- •JS Classi (Programmazione Orientata agli Oggetti con JS)
- •JS Iterations (Metodi di iterazione)
- •JS Asynchronous (Programmazione Asincrona: Callbacks, Promises, Async/Await)
- •JS Modules (Moduli JavaScript)
- •JS Web API (Introduzione alle Web API)
- •JS AJAX (Asynchronous JavaScript and XML)
- •JS JSON (Lavorare con JSON in JavaScript)
- •JS jQuery (Introduzione e utilizzo di jQuery come framework)
- •JS Graphics (Grafica con Canvas o SVG)

Capitolo 24: Riferimenti e Risorse JavaScript

Sviluppo Web con PHP, MySQL e JavaScript

- PHP MySQLi
- PHP Network
- PHP Output Control
- PHP RegEx
- PHP SimpleXML
- PHP Stream
- PHP String
- PHP Variable Handling
- PHP XML Parser
- PHP Zip
- PHP Timezones

Introduzione allo Sviluppo Web

Benvenuti nel mondo affascinante e dinamico dello sviluppo web! Se state leggendo questo libro, probabilmente siete curiosi di capire come funzionano i siti web, come vengono costruiti e, soprattutto, come potete crearne uno voi stessi. Siete nel posto giusto. Questo libro è stato concepito per essere una guida completa e accessibile, che vi accompagnerà passo dopo passo dalle basi più elementari fino a concetti più avanzati, fornendovi le competenze necessarie per diventare sviluppatori web competenti.

Il web moderno è una risorsa inestimabile, una rete globale di informazioni, servizi e intrattenimento. Dietro ogni pagina web che visitate, ogni applicazione che utilizzate online, c'è un intricato ecosistema di tecnologie che lavorano insieme. Comprendere queste tecnologie non è solo una competenza preziosa nel mercato del lavoro odierno, ma anche un modo per liberare la vostra creatività e dare vita alle vostre idee digitali.

Questo viaggio nello sviluppo web toccherà diverse pietre miliari fondamentali:

- Il Backend con PHP: Impareremo a costruire la "spina dorsale" del nostro sito web, quella parte invisibile agli occhi dell'utente ma essenziale per il funzionamento, la logica e la gestione dei dati. PHP è uno dei linguaggi server-side più diffusi e potenti, ideale per iniziare.
- La Gestione dei Dati con MySQL: Ogni applicazione web che si rispetti ha bisogno di memorizzare informazioni. Scopriremo come i database relazionali, in particolare MySQL e il linguaggio SQL, ci permettono di archiviare, recuperare e gestire i dati in modo efficiente.
- L'Interattività Frontend con JavaScript: Non basta che un sito funzioni, deve anche essere coinvolgente. JavaScript ci permetterà di rendere le nostre pagine web dinamiche, reattive e interattive, migliorando l'esperienza utente.
- L'Armoniosa Connessione: Vedremo come queste tecnologie si integrano perfettamente, consentendo al backend di comunicare con il database e al frontend di interagire con il backend, creando applicazioni web complete e funzionali.

Non importa se siete neofiti assoluti o se avete già qualche esperienza e volete consolidare le vostre conoscenze: questo libro è stato strutturato per essere chiaro, pratico e ricco di esempi. La chiave del successo nello sviluppo web è la pratica, la sperimentazione e la risoluzione dei problemi. Vi incoraggiamo a sporcarvi le mani con il codice, a provare gli esempi e a modificare per vedere cosa succede.

Preparatevi a un'avventura entusiasmante. Al termine di questo percorso, non solo avrete una solida comprensione dei principi dello sviluppo web, ma sarete anche in grado di creare le vostre applicazioni web da zero.

Buon apprendimento e buon divertimento!

Come utilizzare questo libro

Questo libro è strutturato in diverse parti e capitoli, ognuno dei quali si concentra su un aspetto specifico dello sviluppo web. Per ottenere il massimo da questa guida, vi consigliamo di seguire questo approccio:

1. Seguite l'Ordine Consigliato: I capitoli sono stati organizzati in modo logico, partendo dalle basi e progredendo verso concetti più complessi. Se siete principianti, è vivamente consigliato seguire l'ordine proposto per costruire una solida base di conoscenze.

2. Leggete Attentamente la Teoria: Ogni sezione inizia con una spiegazione chiara dei concetti. Prendete il tempo necessario per comprendere la teoria prima di passare agli esempi pratici.

3. Provate Ogni Esempio di Codice: La teoria senza pratica è solo informazione. Il vero apprendimento avviene quando si scrive codice. Non limitatevi a leggere gli esempi; ricopiateli nel vostro ambiente di sviluppo, eseguiteli e osservate il risultato.

4. Sperimentate e Modificate il Codice: Una volta che un esempio funziona, provate a modificarlo. Cambiate i valori, alterate la logica, aggiungete nuove funzionalità. Questo è il modo migliore per capire "perché" le cose funzionano in un certo modo e per sviluppare le vostre capacità di problem solving.

5. Non Abbiate Paura degli Errori: Gli errori fanno parte del processo di apprendimento. Quando il codice non funziona come previsto, non scoraggiatevi. Leggete i messaggi di errore (sono i vostri migliori amici!), cercate la causa e correggete il problema. Questo vi renderà uno sviluppatore più forte e più abile.

6. Utilizzate le Risorse Aggiuntive: Alla fine di molte sezioni e parti, troverete riferimenti a risorse esterne, quiz ed esercizi. Sfruttate queste risorse per approfondire la vostra comprensione e testare le vostre conoscenze.

7. Consultate la Documentazione Ufficiale: Man mano che progredite, imparerete che la documentazione ufficiale dei linguaggi e delle tecnologie è una risorsa inestimabile. Vi insegneremo come usarla per trovare risposte e soluzioni in modo autonomo.

8. Praticate Regolarmente: Lo sviluppo web è una competenza che migliora con la pratica costante. Dedicate del tempo regolarmente a studiare e a codificare. Anche piccole sessioni giornaliere possono fare una grande differenza.

9.Pensate ai Vostri Progetti: Non appena vi sentirete a vostro agio con i concetti di base, iniziate a pensare a piccoli progetti personali. Che sia un semplice blocco note online, una galleria di immagini o un sistema di gestione per i vostri libri, applicare le conoscenze a un progetto reale è il modo più gratificante per imparare.

Parte 1: Fondamentali di PHP

Benvenuti nella prima parte del nostro viaggio nello sviluppo web, dove ci immergeremo nel cuore del backend con PHP. PHP è un linguaggio di scripting lato server, il che significa che il codice viene eseguito sul server web prima che la pagina venga inviata al browser dell'utente. Questo lo rende incredibilmente potente per la gestione dei dati, la logica delle applicazioni e l'interazione con i database.

In questa sezione, acquisiremo una solida comprensione di PHP, partendo dalle sue origini fino alla scrittura dei primi script. Impareremo come impostare un ambiente di sviluppo locale, comprenderemo la sintassi di base, come dichiarare variabili, gestire diversi tipi di dati e come controllare il flusso del programma.

PHP è noto per la sua curva di apprendimento relativamente dolce, il che lo rende un punto di partenza eccellente per chiunque voglia entrare nel mondo dello sviluppo backend. Molti dei siti web più grandi e popolari al mondo sono costruiti con PHP (come WordPress, Facebook, ecc.), dimostrando la sua robustezza e scalabilità.

Preparatevi a scrivere il vostro primo codice server-side!

Capitolo 1: Introduzione a PHP

PHP Intro

PHP, che sta per "PHP: Hypertext Preprocessor" (un acronimo ricorsivo), è un linguaggio di scripting open source ampiamente utilizzato, specialmente per lo sviluppo web. È stato originariamente creato da Rasmus Lerdorf nel 1994 e da allora è evoluto in un linguaggio maturo e potente, mantenuto e sviluppato dalla comunità PHP.

Cosa può fare PHP?

- **Generare contenuto dinamico per le pagine web:** PHP può creare pagine HTML al volo, mostrando informazioni diverse a utenti diversi o in momenti diversi. Ad esempio, può visualizzare il nome dell'utente loggato, un elenco di prodotti da un database o gli ultimi articoli di un blog.

- **Gestire i form:** Può raccogliere dati da form HTML (come nomi, email, messaggi) e salvarli, inviarli via email o elaborarli in altro modo.

- **Eseguire operazioni sui database:** PHP si integra perfettamente con molti sistemi di gestione di database, in particolare MySQL, ma anche PostgreSQL, Oracle, SQLite e molti altri. Questo significa che può leggere, scrivere, aggiornare ed eliminare dati in un database.

- **Gestire i file sul server:** Può creare, aprire, leggere, scrivere ed eliminare file sul server.

- **Gestire le sessioni e i cookie:** PHP può tracciare l'attività dell'utente sul sito utilizzando sessioni e cookie, permettendo funzionalità come carrelli della spesa, login persistenti e preferenze utente.

- **Criptare i dati:** Offre funzionalità per la crittografia dei dati.

- **Limitare l'accesso alle pagine:** È possibile creare aree riservate del sito accessibili solo agli utenti autorizzati.

- **E molto altro!** PHP è un linguaggio versatile che può essere utilizzato per una vasta gamma di compiti, dalla creazione di semplici siti web a complesse applicazioni aziendali.

Perché PHP è così popolare?

1. **Facilità d'Uso:** La sintassi di PHP è relativamente semplice e intuitiva, specialmente per chi ha già familiarità con linguaggi come C o Java. È facile iniziare a scrivere codice funzionale in poco tempo.

2. **Ampia Comunità e Documentazione:** Essendo in giro da decenni, PHP ha una comunità enorme e attiva. Questo significa abbondante documentazione, tutorial, forum di supporto e risorse disponibili per aiutare a risolvere qualsiasi problema.

3. **Compatibilità con i Database:** Si integra eccezionalmente bene con MySQL, la scelta più comune per i database web, rendendo la gestione dei dati un gioco da ragazzi.

4. **Costo Zero:** PHP è open source e gratuito da usare. Anche molti degli strumenti associati (come MySQL, Apache, Linux) sono gratuiti.

5. **Ampio Supporto per l'Hosting:** La maggior parte dei provider di hosting web offre supporto PHP, rendendo facile il deployment dei siti web.

6. **Flessibilità:** Può essere incorporato direttamente nell'HTML, il che è comodo per aggiungere piccole porzioni di logica dinamica, o utilizzato in un'architettura più strutturata per applicazioni complesse.

Come funziona PHP (in breve):

Quando un utente richiede una pagina web che contiene codice PHP, ecco cosa succede:

1. Il browser web dell'utente invia una richiesta al server web (es. Apache o Nginx).

2. Il server web riconosce il file come un file PHP (di solito con estensione .php).

3. Il server passa il file all'interprete PHP.

4. L'interprete PHP esegue il codice PHP contenuto nel file.

5. Qualsiasi output generato dal codice PHP (spesso HTML) viene combinato con il resto del file.

6. Il risultato finale (HTML, CSS, JavaScript) viene rispedito al server web.

7. Il server web invia la pagina al browser dell'utente, che la visualizza.

Questo processo è completamente trasparente per l'utente, che vede solo il risultato finale nel suo browser.

PHP Install (Installazione di XAMPP/WAMP/MAMP)

Per poter eseguire codice PHP sul vostro computer locale, avete bisogno di un ambiente di sviluppo che includa un server web, un interprete PHP e un database. Fortunatamente, esistono pacchetti "tutto in uno" che semplificano enormemente questo processo. I più popolari sono:

- **XAMPP:** Per Windows, macOS e Linux (Cross-platform Apache, MySQL, PHP, Perl).

- **WAMP:** Per Windows (Windows Apache, MySQL, PHP).

- **MAMP:** Per macOS (Macintosh Apache, MySQL, PHP).

Questi pacchetti installano e configurano per voi:

- **Apache:** Il server web, che gestisce le richieste HTTP e serve le pagine.

- **MySQL (o MariaDB):** Il sistema di gestione del database.

- **PHP:** L'interprete PHP, che esegue il codice PHP.

- **phpMyAdmin:** Uno strumento web per gestire facilmente i database MySQL.

Guida all'installazione (Esempio con XAMPP su Windows/macOS/Linux):

L'installazione è molto simile per tutti e tre i sistemi operativi.

1. **Scarica XAMPP:**
   Visita il sito ufficiale di Apache Friends: https://www.apachefriends.org/index.html.
   Scarica la versione di XAMPP adatta al tuo sistema operativo (Windows, macOS o Linux).

Perfetto! Continuiamo a sviluppare il libro, seguendo la struttura che hai fornito, fino al completamento. Sarà un lungo viaggio, ma molto gratificante!

PHP Sintassi

La sintassi di PHP è semplice e facile da imparare, soprattutto se avete già familiarità con linguaggi come C, Java o JavaScript. Ecco le regole fondamentali:

- **Tag di Apertura e Chiusura:** Il codice PHP è racchiuso all'interno di speciali tag. Il più comune è <?php per aprire il blocco di codice PHP e ?> per chiuderlo. Tutto ciò che è al di fuori di questi tag viene trattato come normale HTML e viene inviato direttamente al browser.

code PHP
downloadcontent_copy
expand_less

```
    <!DOCTYPE html>
<html>
<body>

<h1>La mia prima pagina PHP</h1>

<?php
echo "Ciao dal mondo PHP!";
?>

<p>Questo è HTML normale.</p>

</body>
</html>
```

È buona pratica chiudere sempre il tag PHP (?>) se si mescola PHP con HTML, ma se un file contiene *solo* codice PHP, è spesso omesso per evitare problemi con spazi bianchi indesiderati alla fine del file.

- **Istruzioni:** Ogni istruzione in PHP deve terminare con un punto e virgola (;). Questa è una regola cruciale.

code PHP
downloadcontent_copy
expand_less

```
    <?php
echo "Questa è un'istruzione.";
echo "Anche questa è un'istruzione.";
// Se dimentichi il ; PHP darà un errore di sintassi
?>
```

- **Case Sensitivity (Sensibilità al maiuscolo/minuscolo):**

  - **Variabili:** I nomi delle variabili in PHP sono **case-sensitive**. $nome è diverso da $Nome e da $NOME.

  - **Funzioni, Parole Chiave, Classi:** I nomi delle funzioni, le parole chiave (come echo, if, else, while) e i nomi delle classi **non sono case-sensitive**. echo, Echo ed ECHO sono tutti validi, ma per convenzione e leggibilità, si raccomanda di usare sempre il minuscolo.

code PHP
downloadcontent_copy
expand_less

```
    <?php
$colore = "rosso"; // Variabile in minuscolo
echo $colore;   // Output: rosso
echo $COLORE;    // Questo genererà un errore perché $COLORE non è definita
```

```
echo "<br>";

echo "Hello World!";   // Funziona
ECHO "Hello World!";   // Funziona
?>
```

- **Spazi Bianchi e Rientri:** PHP ignora gli spazi bianchi (spazi, tabulazioni, a capo). Questo significa che puoi formattare il tuo codice per renderlo più leggibile usando rientri e interruzioni di riga. È una buona pratica usare rientri coerenti per migliorare la leggibilità del codice.

code PHP
downloadcontent_copy
expand_less

```
    <?php
$testo = "Questo è un testo.";
$numero = 123; // Questo è un esempio di codice ben indentato

if ($numero > 100) {
    echo $testo;
}
?>
```

Il seguente codice è funzionalmente identico, ma molto meno leggibile:

code PHP
downloadcontent_copy
expand_less

```
    <?php $testo="Questo è un testo."; $numero=123; if($numero>100){ echo
$testo;} ?>
```

- **Blocchi di Codice:** Le parentesi graffe {} sono usate per definire blocchi di codice, come quelli usati in cicli, condizioni o definizioni di funzioni e classi.

code PHP
downloadcontent_copy
expand_less

```
    <?php
$eta = 20;
if ($eta >= 18) {
    echo "Sei maggiorenne.";
    echo "Puoi accedere a questa sezione.";
}
?>
```

PHP Commenti

I commenti sono parti del codice che vengono ignorate dall'interprete PHP. Sono fondamentali per rendere il codice più comprensibile, sia per chi lo scrive (dopo tempo) sia per altri sviluppatori che potrebbero doverlo leggere o modificare.

PHP supporta tre tipi di sintassi per i commenti:

1. **Commenti a Riga Singola:**

   - **// (C++ style):** Questo tipo di commento inizia con due slash e continua fino alla fine della riga.

   - **# (Shell style):** Questo tipo di commento inizia con il simbolo di hash e continua fino alla fine della riga.

code PHP
downloadcontent_copy
expand_less

```php
    <?php
// Questo è un commento a riga singola usando //

# Anche questo è un commento a riga singola usando #

$variabile = "valore"; // Questo commento spiega la variabile
echo $variabile;
?>
```

2. **Commenti a Blocco (o Multi-Riga):**

   - **/* ... */ (C style):** Questo tipo di commento inizia con /* e termina con */. Tutto ciò che è racchiuso tra questi due tag viene considerato un commento, anche se si estende su più righe. È utile per commentare sezioni più ampie di codice o per fornire spiegazioni dettagliate.

code PHP
downloadcontent_copy
expand_less

```php
    <?php
/*
 Questo è un commento a blocco.
 Può estendersi su più righe.
 È utile per descrivere funzioni, classi o algoritmi complessi.
*/

$risultato = 10 + 5; // Calcola la somma
echo "Il risultato è: " . $risultato; // Stampa il risultato

/*
 Nota: i commenti a blocco non possono essere nidificati.
 Quindi, non puoi avere un /* all'interno di un altro /* ... */ blocco.
*/
?>
```

Quando usare i commenti?

- **Spiegare il "perché":** Non solo "cosa" fa il codice, ma "perché" è stato scritto in quel modo, specialmente per logiche non ovvie.

- **Documentare funzioni e classi:** Descrivere lo scopo, i parametri e il valore di ritorno di funzioni e metodi.

- **Marcare sezioni importanti:** Utilizzare commenti per dividere il codice in sezioni logiche.

- **Disabilitare temporaneamente il codice:** Durante il debugging, puoi commentare sezioni di codice per testare diverse parti senza eliminarle.

Esempio di utilizzo dei commenti:

code PHP

downloadcontent_copy

expand_less

```php
    <?php
// Questo script saluta l'utente e mostra la data corrente

/*
 * La funzione `salutaUtente` prende un nome come parametro
 * e restituisce una stringa di saluto personalizzata.
 *
 * @param string $nome Il nome dell'utente da salutare.
 * @return string La stringa di saluto.
 */
function salutaUtente($nome) {
    return "Ciao, " . $nome . "! Benvenuto sul nostro sito.";
}

$nomeUtente = "Alice"; // Definizione del nome dell'utente
echo salutaUtente($nomeUtente); // Chiamata alla funzione e stampa del saluto

echo "<br>"; // Aggiunge un'interruzione di riga HTML per una migliore
visualizzazione

// Ottieni e stampa la data e l'ora attuali
date_default_timezone_set('Europe/Rome'); // Imposta il fuso orario
echo "Oggi è il " . date("Y-m-d H:i:s"); // Formatta la data e l'ora
?>
```

I commenti sono una parte essenziale della scrittura di codice pulito e manutenibile.

Capitolo 2: Variabili e Tipi di Dati in PHP

PHP Variabili

Le variabili sono contenitori per memorizzare informazioni. In PHP, le variabili hanno alcune caratteristiche distintive:

- **Iniziano con il simbolo dollaro ($):** Tutte le variabili in PHP devono iniziare con il simbolo $.

- **Case-sensitive:** $nome è diverso da $Nome.

- **Nomi validi:** Un nome di variabile deve iniziare con una lettera o un underscore (_), seguito da lettere, numeri o underscore. Non può iniziare con un numero.

  Esempi di nomi di variabili validi:
  $nome, $eta, $_indirizzo, $num_telefono, $x, $y1

  Esempi di nomi di variabili NON validi:
  $1numero (inizia con un numero), $mio-variabile (contiene un trattino), $mio variabile (contiene uno spazio)

- **Assegnazione di Valore:** Si assegna un valore a una variabile utilizzando l'operatore di assegnazione (=).

  code PHP
  downloadcontent_copy
  expand_less

```php
    <?php
$nome = "Mario";        // Una stringa
$eta = 30;              // Un numero intero
$prezzo = 19.99;        // Un numero decimale (float)
$is_admin = true;       // Un valore booleano
?>
```

- **Tipizzazione Debole (Loose Typing):** PHP è un linguaggio a tipizzazione debole. Questo significa che non è necessario dichiarare il tipo di dati della variabile prima di usarla. Il tipo viene determinato automaticamente dal valore che le viene assegnato. Inoltre, una variabile può cambiare tipo durante l'esecuzione dello script.

  code PHP
  downloadcontent_copy
  expand_less

```php
    <?php
$quantita = 10;          // $quantita è un intero (integer)
echo gettype($quantita); // Output: integer

$quantita = "dieci";     // Ora $quantita è una stringa
echo "<br>";
echo gettype($quantita); // Output: string
?>
```

  Sebbene questa flessibilità sia comoda, è anche una fonte comune di bug se non gestita con attenzione.

- **Scope delle Variabili:** Lo scope di una variabile definisce dove può essere accessibile o referenziata all'interno del programma. In PHP, ci sono principalmente tre tipi di scope:

1. **Local Scope:** Una variabile dichiarata all'interno di una funzione ha uno scope locale. Può essere accessibile solo all'interno di quella funzione.

code PHP

downloadcontent_copy

expand_less

```php
    <?php
function myTest() {
    $x = 5; // variabile locale
    echo "<p>Variabile x all'interno della funzione: $x</p>";
}
myTest();

// Tentare di accedere a $x al di fuori della funzione genererà un errore
// echo "<p>Variabile x all'esterno della funzione: $x</p>"; // Errore: Undefined variable
?>
```

2. **Global Scope:** Una variabile dichiarata al di fuori di qualsiasi funzione ha uno scope globale. Può essere accessibile ovunque nello script, **eccetto all'interno delle funzioni** senza una dichiarazione esplicita.

code PHP

downloadcontent_copy

expand_less

```php
    <?php
$y = 10; // variabile globale

function myOtherTest() {
    // echo "<p>Variabile y all'interno della funzione: $y</p>"; // Errore: Undefined variable
}
myOtherTest();

echo "<p>Variabile y all'esterno della funzione: $y</p>"; // Output: 10
?>
```

Per accedere a una variabile globale all'interno di una funzione, si può usare la parola chiave global o l'array superglobale $GLOBALS.

Usando global:

code PHP

downloadcontent_copy

expand_less

```php
    <?php
$a = 1;
$b = 2;

function addNumbers() {
```

```php
    global $a, $b; // Dichiara che useremo le variabili globali $a e $b
    $b = $a + $b;
}

addNumbers();
echo $b; // Output: 3 (1 + 2)
?>
```

Usando $GLOBALS (preferito per chiarezza e per le sue capacità):

$GLOBALS è un array associativo che contiene un riferimento a tutte le variabili attualmente definite nello scope globale dello script. I nomi delle variabili sono le chiavi dell'array.

code PHP

downloadcontent_copy

expand_less
```php
    <?php
$x = 5;
$y = 10;

function addUsingGlobals() {
    $GLOBALS['y'] = $GLOBALS['x'] + $GLOBALS['y'];
}

addUsingGlobals();
echo $y; // Output: 15 (5 + 10)
?>
```

3. **Static Scope:** Quando una variabile locale viene dichiarata con la parola chiave static, non viene distrutta alla fine dell'esecuzione della funzione, ma mantiene il suo valore tra le chiamate alla funzione.

code PHP

downloadcontent_copy

expand_less
```php
    <?php
function countCalls() {
    static $count = 0; // Inizializzata solo la prima volta
    $count++;
    echo $count . "<br>";
}

countCalls(); // Output: 1
countCalls(); // Output: 2
countCalls(); // Output: 3
?>
```

Questo è utile per contatori o per mantenere uno stato all'interno di una funzione senza renderla globale.

PHP Echo / Print (Output di dati)

echo e print sono due costrutti di linguaggio (non vere e proprie funzioni, anche se si comportano in modo simile) utilizzati per visualizzare l'output sullo schermo, tipicamente sotto forma di HTML.

- **echo:**
  - Può visualizzare uno o più stringhe.
  - Non ha un valore di ritorno.
  - È leggermente più veloce di print.

  code PHP

  downloadcontent_copy

  expand_less

```php
<?php
echo "<h2>Benvenuti nel mio sito</h2>";
echo "Questo è un ", "testo ", "multistringa", " con echo.";
$testo = "Hello World!";
$numero = 123;
echo "Il testo è: " . $testo . "<br>"; // Concatenazione di stringhe con
il punto (.)
echo "Il numero è: " . $numero;
?>
```

- **print:**
  - Può visualizzare solo una singola stringa.
  - Ha un valore di ritorno di 1 (utile in alcune espressioni).
  - È leggermente più lento di echo.

  code PHP

  downloadcontent_copy

  expand_less

```php
<?php
print "<h2>Benvenuti di nuovo</h2>";
$testo = "Hello again!";
print "Il testo è: " . $testo . "<br>"; // Anche qui, concatenazione con
il punto
?>
```

Quale usare?

Nella maggior parte dei casi, echo è preferito per la sua capacità di accettare argomenti multipli (senza concatenazione) e per la sua leggerissima velocità superiore. Tuttavia, la differenza di performance è trascurabile nella maggior parte delle applicazioni. Scegliete quello che preferite e siate coerenti nel vostro codice.

Concatenazione di Stringhe:

In PHP, l'operatore di concatenazione per le stringhe è il **punto (.)**.

code PHP

downloadcontent_copy

expand_less

```php
<?php
$nome = "Alice";
$cognome = "Rossi";
$nome_completo = $nome . " " . $cognome;
echo $nome_completo; // Output: Alice Rossi
?>
```

PHP Tipi di Dati

Le variabili PHP possono memorizzare dati di diversi tipi. PHP supporta i seguenti tipi di dati:

1. **String (Stringa):** Una sequenza di caratteri. Le stringhe sono racchiuse tra virgolette singole (') o doppie (").

   code PHP

   downloadcontent_copy

   expand_less

   ```php
   <?php
   $saluto = "Ciao, mondo!";
   $nome = 'Giovanni';
   echo $saluto . " da " . $nome . ".";
   ?>
   ```

   La differenza tra virgolette singole e doppie è che le doppie virgolette processano le variabili e i caratteri di escape, mentre le singole no (a meno che non sia l'escape della virgoletta stessa o del backslash).

   code PHP

   downloadcontent_copy

   expand_less

   ```php
   <?php
   $frutto = "mela";
   echo "Mi piace la $frutto.";      // Output: Mi piace la mela. (virgolette
   doppie processano la variabile)
   echo 'Mi piace la $frutto.';      // Output: Mi piace la $frutto.
   (virgolette singole no)
   echo "Oggi è il \"primo\" giorno."; // Output: Oggi è il "primo" giorno.
   (escape in doppie)
   echo 'Oggi è il \'primo\' giorno.'; // Output: Oggi è il 'primo' giorno.
   (escape in singole)
   ?>
   ```

2. **Integer (Numero Intero):** Un numero intero (positivo o negativo) senza parte decimale.

   code PHP

   downloadcontent_copy

   expand_less

```php
    <?php
$eta = 25;
$punti = -100;
echo "La mia età è: " . $eta;
var_dump($eta); // Mostra tipo e valore: int(25)
?>
```

3. **Float (Floating Point Number - Numero con Virgola Mobile / Decimale):** Un numero con una parte decimale o un numero in forma esponenziale.

code PHP

downloadcontent_copy

expand_less
```php
    <?php
$prezzo = 19.99;
$temperatura = 36.5;
$grande_numero = 1.2e3; // 1.2 * 10^3 = 1200
echo "Il prezzo è: " . $prezzo;
var_dump($prezzo); // Mostra tipo e valore: float(19.99)
?>
```

4. **Boolean (Booleano):** Rappresenta un valore di verità, può essere true (vero) o false (falso). Sono spesso usati nelle condizioni.

code PHP

downloadcontent_copy

expand_less
```php
    <?php
$is_logged_in = true;
$has_errors = false;
if ($is_logged_in) {
    echo "Benvenuto, utente!";
}
var_dump($is_logged_in); // bool(true)
?>
```

Nota: quando i booleani vengono stampati con echo, true produce 1 e false produce una stringa vuota.

5. **Array:** Una variabile speciale che può contenere più valori in un unico contenitore. Gli array sono incredibilmente versatili e saranno trattati in dettaglio più avanti.

code PHP

downloadcontent_copy

expand_less
```php
    <?php
$frutti = array("mela", "banana", "arancia");
echo $frutti[0]; // Output: mela
var_dump($frutti);
/* Output:
array(3) {
  [0]=> string(4) "mela"
```

```
   [1]=> string(6) "banana"
   [2]=> string(7) "arancia"
}
*/
?>
```

6. **Object (Oggetto):** Un'istanza di una classe. Gli oggetti sono la base della Programmazione Orientata agli Oggetti (OOP) e verranno approfonditi nel capitolo dedicato.

code PHP

downloadcontent_copy

expand_less
```php
    <?php
class Auto {
    public $colore;
    function __construct($colore) {
        $this->colore = $colore;
    }
    function getColore() {
        return $this->colore;
    }
}
$miaAuto = new Auto("rossa");
echo $miaAuto->getColore(); // Output: rossa
var_dump($miaAuto);
/* Output:
object(Auto)#1 (1) {
  ["colore"]=>
  string(5) "rossa"
}
*/
?>
```

7. **NULL:** Un tipo di dato speciale che indica che una variabile non ha alcun valore. È l'unico valore che questo tipo può assumere.

code PHP

downloadcontent_copy

expand_less
```php
    <?php
$x = "Ciao";
$x = null; // Ora $x non ha valore
var_dump($x); // Output: NULL
?>
```

Una variabile null non ha valore, non è 0, non è una stringa vuota "".

8. **Resource (Risorsa):** Un tipo speciale di variabile che mantiene un riferimento a una risorsa esterna (come una connessione a un database, un file aperto, un'immagine). Questo tipo non ha rappresentazione letterale in PHP e viene creato solo da funzioni speciali.

code PHP

downloadcontent_copy

```
expand_less
    <?php
// Esempio (non eseguibile senza un file)
// $file = fopen("esempio.txt", "r");
// var_dump($file); // Output: resource(...)
// fclose($file);
?>
```

Funzioni per i Tipi di Dati:

PHP offre diverse funzioni per lavorare con i tipi di dati:

- var_dump(): Stampa informazioni su una variabile, incluso il suo tipo e valore. Utilissimo per il debugging.

- gettype(): Restituisce il tipo di una variabile come stringa.

- is_string(), is_int(), is_float(), is_bool(), is_array(), is_object(), is_null(): Controllano se una variabile è di un certo tipo.

code PHP

downloadcontent_copy

expand_less

```
    <?php
$a = 10;
$b = "ciao";
$c = 10.5;

echo gettype($a) . "<br>"; // Output: integer
echo gettype($b) . "<br>"; // Output: string
echo gettype($c) . "<br>"; // Output: double (float è spesso chiamato
double in PHP)

if (is_int($a)) {
    echo "$a è un intero.<br>";
}
if (is_string($b)) {
    echo "$b è una stringa.<br>";
}
?>
```

PHP Stringhe

Le stringhe sono una parte fondamentale di quasi ogni programma. PHP offre un'ampia gamma di funzioni per manipolare le stringhe.

Creare Stringhe:

Come visto, le stringhe possono essere create usando virgolette singole o doppie.

code PHP

downloadcontent_copy

expand_less

```php
    <?php
$stringa1 = "Questa è una stringa con virgolette doppie.";
$stringa2 = 'Questa è una stringa con virgolette singole.';
$stringa3 = "Posso includere l'apostrofo facilmente con le doppie virgolette.";
$stringa4 = 'Posso includere l\'apostrofo con le singole virgolette usando
l\'escape.';
?>
```

Lunghezza della Stringa:

La funzione strlen() restituisce la lunghezza di una stringa (il numero di caratteri).

code PHP

downloadcontent_copy

expand_less

```php
    <?php
$testo = "Ciao Mondo!";
echo strlen($testo); // Output: 11
?>
```

Conteggio Parole:

La funzione str_word_count() conta il numero di parole in una stringa.

code PHP

downloadcontent_copy

expand_less

```php
    <?php
$testo = "Ciao a tutti, benvenuti!";
echo str_word_count($testo); // Output: 4
?>
```

Ricerca di Testo all'Interno di una Stringa:

La funzione strpos() cerca la prima occorrenza di una sottostringa all'interno di una stringa.
Restituisce la posizione del primo carattere della sottostringa se trovata, altrimenti restituisce false.
Le posizioni partono da 0.

code PHP

downloadcontent_copy

expand_less

```php
    <?php
$frase = "Voglio imparare PHP!";
echo strpos($frase, "PHP"); // Output: 15 (la P di PHP è alla posizione 15)
echo "<br>";
echo strpos($frase, "Java"); // Output: (null, perché restituisce false, che non
viene stampato da echo)
?>
```

Sostituzione di Testo:

La funzione str_replace() sostituisce tutte le occorrenze di una sottostringa con un'altra sottostringa all'interno di una stringa.

code PHP

downloadcontent_copy

expand_less

```php
<?php
$originale = "Ciao mondo!";
$nuova_frase = str_replace("mondo", "universo", $originale);
echo $nuova_frase; // Output: Ciao universo!
?>
```

Sottostringhe:

La funzione substr() estrae una parte di una stringa.

code PHP

downloadcontent_copy

expand_less

```php
<?php
$stringa = "Questo è un esempio";
echo substr($stringa, 0, 6);   // Output: Questo
echo "<br>";
echo substr($stringa, 7);      // Output: è un esempio (dal 7° carattere fino
alla fine)
echo "<br>";
echo substr($stringa, -7);     // Output: esempio (gli ultimi 7 caratteri)
?>
```

Convertire Stringhe (Maiuscolo/Minuscolo):

- strtoupper(): Converte una stringa in maiuscolo.

- strtolower(): Converte una stringa in minuscolo.

code PHP

downloadcontent_copy

expand_less

```php
<?php
$text = "Hello World!";
echo strtoupper($text); // Output: HELLO WORLD!
echo "<br>";
echo strtolower($text); // Output: hello world!
?>
```

Rimuovere Spazi Bianchi:

La funzione trim() rimuove gli spazi bianchi (o altri caratteri specificati) dall'inizio e dalla fine di una stringa.

code PHP

downloadcontent_copy

expand_less

```php
<?php
$testo_con_spazi = "   Ciao a tutti!   ";
echo trim($testo_con_spazi); // Output: Ciao a tutti!
```

```
?>
```

Altre Funzioni Utili:

- explode(): Divide una stringa in un array utilizzando un delimitatore.

- implode(): Unisce gli elementi di un array in una stringa.

- strrev(): Inverte una stringa.

- htmlspecialchars(): Converte caratteri speciali in entità HTML per prevenire attacchi XSS.

Approfondiremo queste funzioni e molte altre man mano che andremo avanti. La manipolazione delle stringhe è un'abilità essenziale nello sviluppo web.

PHP Numeri

PHP gestisce numeri interi (integers) e numeri in virgola mobile (floats).

Numeri Interi (Integers):

- Numeri interi, positivi o negativi.

- Es: 10, -5, 0, 12345.

- Un intero deve contenere almeno una cifra e non deve contenere punti decimali.

- Gli interi possono essere specificati in notazione decimale (base 10), esadecimale (base 16, prefisso 0x), ottale (base 8, prefisso 0o) o binaria (base 2, prefisso 0b).

  code PHP
  downloadcontent_copy
  expand_less
  ```php
      <?php
  $interoe = 59;
  var_dump($interoe); // int(59)

  $hex = 0x1A; // 26 in decimale
  $oct = 0o32; // 26 in decimale
  $bin = 0b11010; // 26 in decimale
  ?>
  ```

Numeri in Virgola Mobile (Floats/Doubles):

- Numeri con un punto decimale o in forma esponenziale.

- Es: 10.5, -3.14, 2.4e3 (2400), 8E-5 (0.00008).

- In PHP, float e double sono praticamente la stessa cosa.

  code PHP
  downloadcontent_copy
  expand_less

```php
    <?php
$fluttuante = 10.345;
var_dump($fluttuante); // float(10.345)

$esponenziale = 2.5e4; // 25000
var_dump($esponenziale); // float(25000)
?>
```

Controllo Tipo Numerico:

PHP fornisce funzioni per verificare se una variabile è un numero o di un tipo numerico specifico:

- is_int() / is_integer() / is_long(): Controlla se una variabile è un intero.

- is_float() / is_double(): Controlla se una variabile è un float.

- is_numeric(): Controlla se una variabile è un numero o una stringa numerica (es. "59.99").

  code PHP
  downloadcontent_copy
  expand_less
```php
    <?php
$x = 59.85;
var_dump(is_int($x)); // bool(false)

$y = 100;
var_dump(is_float($y)); // bool(false)

$z = "59.99";
var_dump(is_numeric($z)); // bool(true)
$w = "Hello";
var_dump(is_numeric($w)); // bool(false)
?>
```

Costanti Numeriche Predefinite:

- PHP_INT_MAX: Il valore intero massimo supportato.

- PHP_INT_MIN: Il valore intero minimo supportato.

- PHP_FLOAT_MAX: Il valore float massimo supportato.

- PHP_FLOAT_MIN: Il valore float minimo supportato.

- PHP_FLOAT_DIG: Il numero di cifre decimali che possono essere arrotondate in un float e restituite senza perdita di precisione.

- PHP_FLOAT_EPSILON: Il più piccolo numero positivo rappresentabile che, sommato a 1.0, produce un valore diverso da 1.0.

Valori Numerici Speciali:

- **INF (Infinite):** Un valore più grande di PHP_FLOAT_MAX. Si ottiene dividendo per zero un numero float o con calcoli che superano il limite massimo.

  code PHP

downloadcontent_copy

expand_less

```php
<?php
$inf = 1.9e411; // Un numero troppo grande per essere un float
var_dump($inf); // float(INF)
?>
```

- **NaN (Not a Number):** Il risultato di operazioni matematiche indefinite o impossibili (es. acos(8), sqrt(-1)).

  - is_nan(): Funzione per verificare se un valore è NaN.

code PHP

downloadcontent_copy

expand_less

```php
<?php
$nan_val = acos(8);
var_dump($nan_val); // float(NAN)
var_dump(is_nan($nan_val)); // bool(true)
?>
```

Attenzione alla Precisione dei Float:

I numeri in virgola mobile non possono essere sempre rappresentati con assoluta precisione. Questo può portare a risultati inaspettati quando si confrontano float. È sempre meglio evitare confronti diretti di uguaglianza (==) tra float.

code PHP

downloadcontent_copy

expand_less

```php
<?php
$x = 0.1 + 0.7; // Dovrebbe essere 0.8
$y = 0.8;

if ($x == $y) {
    echo "Sono uguali!"; // Questo potrebbe non essere stampato!
} else {
    echo "Non sono uguali!"; // Questo è spesso il caso!
}
var_dump($x, $y); // float(0.7999999999999999) float(0.8)
?>
```

Per i confronti, è meglio controllare se la differenza assoluta tra i due numeri è minore di una piccola soglia di tolleranza (epsilon).

PHP Casting (Conversione di tipi)

Il casting di tipo (o type juggling) in PHP si riferisce alla conversione del tipo di una variabile da un tipo all'altro. PHP è un linguaggio a tipizzazione debole, quindi spesso esegue automaticamente le conversioni quando necessario (casting implicito). Tuttavia, è possibile forzare esplicitamente un tipo (casting esplicito).

Casting Implicito (Automatico):

PHP tenterà di convertire automaticamente i tipi quando un operatore o una funzione lo richiede.

code PHP

downloadcontent_copy

expand_less

```php
    <?php
$num_stringa = "50";
$num_intero = 10;
$somma = $num_stringa + $num_intero; // PHP converte "50" in 50
echo $somma; // Output: 60
echo "<br>";
var_dump($somma); // int(60)

$booleano = true;
$risultato = $booleano + $num_intero; // PHP converte true in 1
echo $risultato; // Output: 11
echo "<br>";
var_dump($risultato); // int(11)
?>
```

Casting Esplicito:

Si può forzare il tipo di una variabile usando il nome del tipo tra parentesi prima della variabile.

Sintassi: (tipo) $variabile

I tipi di casting comuni includono:

- (int) o (integer): Converte in intero.
- (float) o (double) o (real): Converte in float.
- (string): Converte in stringa.
- (bool) o (boolean): Converte in booleano.
- (array): Converte in array.
- (object): Converte in oggetto.
- (unset): Converte in NULL.

Esempi di Casting Esplicito:

1. **A Intero:**
   - Da float: la parte decimale viene troncata.
   - Da stringa: se la stringa inizia con un numero, converte il numero; altrimenti, 0.
   - Da booleano: true diventa 1, false diventa 0.
   - Da null: 0.

code PHP

downloadcontent_copy

expand_less

```php
<?php
$float_val = 15.7;
$int_val = (int)$float_val;
echo $int_val; // Output: 15
echo "<br>";
var_dump($int_val); // int(15)

$string_num = "123ciao";
$int_from_string = (int)$string_num;
echo $int_from_string; // Output: 123
echo "<br>";
var_dump($int_from_string); // int(123)

$string_non_num = "ciao123";
$int_from_string_bad = (int)$string_non_num;
echo $int_from_string_bad; // Output: 0
echo "<br>";
var_dump($int_from_string_bad); // int(0)

$bool_true = true;
$int_from_bool = (int)$bool_true;
echo $int_from_bool; // Output: 1
?>
```

code Code

downloadcontent_copy

expand_less

code PHP

downloadcontent_copy

expand_less

```php
<?php
$bool_false = false;
$int_from_bool_false = (int)$bool_false;
echo $int_from_bool_false; // Output: 0
?>
```

2. A Float:
   ◦ Da intero: aggiunge .0.
   ◦ Da stringa: simile alla conversione a intero, ma mantiene la parte decimale.
   ◦ Da booleano: true diventa 1.0, false diventa 0.0.

code PHP

downloadcontent_copy

expand_less

```php
<?php
$int_val = 20;
$float_val = (float)$int_val;
echo $float_val; // Output: 20
echo "<br>";
var_dump($float_val); // float(20)

$string_float = "12.34";
$float_from_string = (float)$string_float;
echo $float_from_string; // Output: 12.34
echo "<br>";
```

```php
var_dump($float_from_string); // float(12.34)
?>
```

3. A Stringa:
   ◦ Qualsiasi tipo numerico o booleano può essere convertito in stringa.
   ◦ Gli array e gli oggetti si convertono in stringhe speciali ("Array" e "Object") o generano un errore se non è definito un metodo `__toString()`.
   code PHP
   downloadcontent_copy
   expand_less

```php
<?php
$num = 123;
$str_num = (string)$num;
echo $str_num; // Output: 123
echo "<br>";
var_dump($str_num); // string(3) "123"

$bool_val = true;
$str_bool = (string)$bool_val;
echo $str_bool; // Output: 1
echo "<br>";
var_dump($str_bool); // string(1) "1"
?>
```

4. A Booleano:
   ◦ 0 (zero intero), 0.0 (zero float), "" (stringa vuota), "0" (stringa contenente solo zero), un array vuoto, e NULL diventano false.
   ◦ Qualsiasi altro valore diventa true.
   code PHP
   downloadcontent_copy
   expand_less

```php
<?php
$zero_int = 0;
var_dump((bool)$zero_int); // bool(false)

$string_empty = "";
var_dump((bool)$string_empty); // bool(false)

$string_zero = "0";
var_dump((bool)$string_zero); // bool(false)

$string_false = "false"; // Attenzione: questa stringa non è vuota e non è "0"
var_dump((bool)$string_false); // bool(true)

$uno_int = 1;
var_dump((bool)$uno_int); // bool(true)

$string_hello = "Hello";
var_dump((bool)$string_hello); // bool(true)
?>
```

Quando usare il casting esplicito?

Il casting esplicito è utile quando si vuole essere assolutamente sicuri del tipo di dati con cui si sta lavorando, specialmente quando si ricevono input dall'utente (che sono sempre stringhe) o quando si interagisce con dati da fonti esterne. Aiuta a prevenire errori e a rendere il codice più robusto e leggibile.

PHP Costanti

Le costanti sono identificatori (nomi) per valori semplici. Come suggerisce il nome, una costante non può cambiare il suo valore durante l'esecuzione dello script.

Differenze tra Costanti e Variabili:

• Non hanno il prefisso dollaro (

```
).•Possonoesseredefinitesolounavolta.•Hannoscopeglobaleperimpostazionepr
edefinita,ilchesignificachepossonoessereaccessibilidaqualsiasipuntodelloscriptse
nzalanecessita`dellaparolachiave'global'odell'array').
```
• Possono essere definite solo una volta.
• Hanno scope globale per impostazione predefinita, il che significa che possono essere accessibili da qualsiasi punto dello script senza la necessità della parola chiave `global` o dell'array
```
`).•Possonoesseredefinitesolounavolta.•Hannoscopeglobaleperimpostazionepredefini
ta,ilchesignificachepossonoessereaccessibilidaqualsiasipuntodelloscriptsenzalane
cessita`dellaparolachiave'global'odell'array'
```

GLOBALS`.

• Sono sempre case-sensitive per impostazione predefinita (anche se è possibile definirle come case-insensitive).

Sintassi per la definizione delle costanti:

Si usa la funzione define() per creare una costante.

define(nome, valore, [case_insensitive])

• nome: Specifica il nome della costante. Per convenzione, i nomi delle costanti sono scritti in lettere maiuscole.

• valore: Specifica il valore della costante.

• case_insensitive: Un valore booleano opzionale che specifica se il nome della costante deve essere case-insensitive. Il valore predefinito è false (case-sensitive).

Esempi:
code PHP
downloadcontent_copy
expand_less

```php
<?php
define("MESSAGGIO_BENVENUTO", "Benvenuti nel nostro sito!");
echo MESSAGGIO_BENVENUTO; // Output: Benvenuti nel nostro sito!

define("PI", 3.14159);
echo "<br>Il valore di PI è: " . PI; // Output: Il valore di PI è: 3.14159

// Tentativo di ridefinire o modificare una costante (genererà un errore o un warning)
// define("MESSAGGIO_BENVENUTO", "Nuovo messaggio"); // Fatal error: Constant
MESSAGGIO_BENVENUTO already defined
// MESSAGGIO_BENVENUTO = "Altro messaggio"; // Parse error: syntax error, unexpected '='

// Costante case-insensitive (evitare per convenzione, ma è possibile)
define("GREETING", "Hello World!", true);
echo "<br>" . greeting; // Output: Hello World!
```

```php
echo "<br>" . GREETING; // Output: Hello World!
?>
```

Constants con la parola chiave const:
A partire da PHP 5.3, è possibile definire costanti all'esterno di una classe utilizzando la parola chiave const. La differenza principale è che const definisce costanti al momento della compilazione, mentre define() le definisce a runtime. Questo significa che const non può essere usato all'interno di blocchi condizionali (come if statements o loop), mentre define() sì.
code PHP
downloadcontent_copy
expand_less

```php
<?php
const MAX_SIZE = 1000;
echo "<br>La dimensione massima è: " . MAX_SIZE;

// Non è possibile fare questo con const:
// if (true) {
// const TEST_CONST = "Test"; // Errore di sintassi
// }

// Ma è possibile con define:
if (true) {
define("TEST_DEFINE", "Questo funziona con define");
}
echo "<br>" . TEST_DEFINE; // Output: Questo funziona con define
?>
```

Verificare se una costante è definita:
La funzione defined() può essere usata per controllare se una costante esiste.
code PHP
downloadcontent_copy
expand_less

```php
<?php
if (defined("MESSAGGIO_BENVENUTO")) {
echo "<br>MESSAGGIO_BENVENUTO è definita.";
} else {
echo "<br>MESSAGGIO_BENVENUTO non è definita.";
}

if (defined("COSTANTE_INESISTENTE")) {
echo "<br>COSTANTE_INESISTENTE è definita.";
} else {
echo "<br>COSTANTE_INESISTENTE non è definita.";
}
?>
```

Le costanti sono utili per memorizzare valori che non cambieranno mai, come configurazioni del database, chiavi API o valori matematici fissi.

PHP Costanti Magiche

PHP offre una serie di costanti predefinite che cambiano a seconda del contesto in cui vengono utilizzate. Vengono chiamate "costanti magiche" perché i loro valori non sono fissi ma dipendono da dove vengono usate nel codice. Sono tutte case-insensitive.

Ecco le costanti magiche più comuni:

• __LINE__: Restituisce il numero di riga corrente all'interno del file PHP.

code PHP

downloadcontent_copy

expand_less

```php
<?php
echo "Sono alla riga " . __LINE__ . ".<br>";
echo "E ora sono alla riga " . __LINE__ . ".<br>";
?>
```

code Code

downloadcontent_copy

expand_less

• `__FILE__`: Restituisce il percorso completo e il nome del file in cui è presente. Utile per il debugging o per riferimenti basati sul percorso del file corrente.

```php
code PHP
downloadcontent_copy
expand_less
<?php
echo "Questo script si trova in: " . __FILE__ . ".<br>";
?>
```

• `__DIR__`: Restituisce la directory del file in cui si trova (senza il nome del file). È equivalente a `dirname(__FILE__)`. Questa costante è stata introdotta in PHP 5.3.

```php
code PHP
downloadcontent_copy
expand_less
<?php
echo "La directory di questo script è: " . __DIR__ . ".<br>";
?>
```

• `__FUNCTION__`: Restituisce il nome della funzione in cui è presente. Se è al di fuori di una funzione, restituisce una stringa vuota.

```php
code PHP
downloadcontent_copy
expand_less
<?php
function miaFunzione() {
    echo "Sono all'interno della funzione: " . __FUNCTION__ . ".<br>";
}
miaFunzione();
echo "Sono fuori da qualsiasi funzione, quindi __FUNCTION__ è: '" . __FUNCTION__ . "'<br>"; // Stampa una stringa vuota
?>
```

- `__CLASS__`: Restituisce il nome della classe in cui è presente. Se è al di fuori di una classe, restituisce una stringa vuota. È utile all'interno dei metodi di una classe.
  code PHP
  downloadcontent_copy
  expand_less

```php
<?php
class MiaClasse {
    public function getNomeClasse() {
        return __CLASS__;
    }
}
$obj = new MiaClasse();
echo "Il nome della classe è: " . $obj->getNomeClasse() . ".<br>";
?>
```

- `__TRAIT__`: Restituisce il nome del trait in cui è presente. Introdotto in PHP 5.4.
  code PHP
  downloadcontent_copy
  expand_less

```php
<?php
trait MioTrait {
    public function getNomeTrait() {
        return __TRAIT__;
    }
}
class ClasseConTrait {
    use MioTrait;
}
$obj = new ClasseConTrait();
echo "Il nome del trait è: " . $obj->getNomeTrait() . ".<br>";
?>
```

- `__METHOD__`: Restituisce il nome del metodo della classe in cui è presente. Include il nome della classe e il nome del metodo (es. `NomeClasse::nomeMetodo`). Se è al di fuori di un metodo, restituisce una stringa vuota.
  code PHP
  downloadcontent_copy
  expand_less

```php
<?php
class AltraClasse {
    public function getNomeMetodo() {
        return __METHOD__;
    }
}
$obj2 = new AltraClasse();
echo "Il nome del metodo è: " . $obj2->getNomeMetodo() . ".<br>";
?>
```

- `__NAMESPACE__`: Restituisce il nome del namespace corrente. Utile per lavorare con i namespaces in progetti più grandi. Introdotto in PHP 5.3.
  code PHP
  downloadcontent_copy
  expand_less

```php
<?php
namespace MioNamespace;
class Prodotto {}
```

```
echo "Il namespace corrente è: '" . __NAMESPACE__ . "'<br>"; // Output:
MioNamespace

function testNamespace() {
    echo "La funzione è nel namespace: '" . __NAMESPACE__ . "'<br>";
}
testNamespace();
?>
```

Le costanti magiche sono strumenti potenti per il debugging, la registrazione (logging) degli errori o semplicemente per ottenere informazioni contestuali sul codice in esecuzione.

Capitolo 3: Operatori e Strutture di Controllo

PHP Operatori (Aritmetici, di Assegnazione, di Confronto, Logici, ecc.)

Gli operatori sono simboli speciali che eseguono operazioni su variabili e valori. PHP supporta una vasta gamma di operatori, che possono essere raggruppati in diverse categorie.

1. Operatori Aritmetici:

Utilizzati per eseguire operazioni matematiche comuni.

• + (Addizione): Somma due operandi.

• - (Sottrazione): Sottrae il secondo operando dal primo.

• * (Moltiplicazione): Moltiplica due operandi.

• / (Divisione): Divide il primo operando per il secondo.

• % (Modulo): Restituisce il resto della divisione intera.

• ** (Esponenziale): Eleva il primo operando alla potenza del secondo (introdotto in PHP 5.6).

code PHP

downloadcontent_copy

expand_less

```
<?php
$x = 10;
$y = 3;

echo "Addizione: " . ($x +

        y)."<br>";//13echo"Sottrazione:".(y) . "<br>"; // 13
echo "Sottrazione: " . (y)."<br>";//13echo"Sottrazione:".(

x -

        y)."<br>";//7echo"Moltiplicazione:".(y) . "<br>"; // 7
echo "Moltiplicazione: " . (y)."<br>";//7echo"Moltiplicazione:".(

x *

        y)."<br>";//30echo"Divisione:".(y) . "<br>"; // 30
echo "Divisione: " . (y)."<br>";//30echo"Divisione:".(

x /
```

```
                y)."<br>";//3.333...echo"Modulo:".(y) . "<br>"; // 3.333...
echo "Modulo: " . (y)."<br>";//3.333...echo"Modulo:".(


x %


              y)."<br>";//1(10diviso3e`3conresto1)echo"Esponenziale:".(y) .
"<br>"; // 1 (10 diviso 3 è 3 con resto 1)
echo "Esponenziale: " .
(y)."<br>";//1(10diviso3e`3conresto1)echo"Esponenziale:".(


x ** $y) . "<br>"; // 1000 (10*10*10)
?>
```

2. Operatori di Assegnazione:
   Utilizzati per assegnare valori a variabili.
   • = (Assegnazione): Assegna il valore dell'operando destro all'operando sinistro.
   • += (Addizione e Assegnazione): x += y è equivalente a x = x + y.
   • -= (Sottrazione e Assegnazione): x -= y è equivalente a x = x - y.
   • *= (Moltiplicazione e Assegnazione): x *= y è equivalente a x = x * y.
   • /= (Divisione e Assegnazione): x /= y è equivalente a x = x / y.
   • %= (Modulo e Assegnazione): x %= y è equivalente a x = x % y.
   • **= (Esponenziale e Assegnazione): x **= y è equivalente a x = x ** y.
   • . (Concatenazione e Assegnazione): str .= " suffix" è equivalente a str = str . " suffix".
   code PHP
   downloadcontent_copy
   expand_less
   ```php
   <?php
   $x = 10;
   $x += 5; // $x ora è 15
   echo "x dopo +=: " . $x . "<br>";

   $str = "Hello";
   $str .= " World"; // $str ora è "Hello World"
   echo "str dopo .=: " . $str . "<br>";
   ?>
   ```

3. Operatori di Confronto:
   Utilizzati per confrontare due valori e restituiscono un valore booleano (true o false).
   • == (Uguale a): Restituisce true se i due operandi sono uguali dopo la conversione di tipo.
   • === (Identico a): Restituisce true se i due operandi sono uguali E dello stesso tipo di dati
   (no conversione di tipo).
   • != o <> (Diverso da): Restituisce true se i due operandi non sono uguali dopo la
   conversione di tipo.
   • !== (Non identico a): Restituisce true se i due operandi non sono uguali O non sono dello
   stesso tipo di dati.
   • < (Minore di): Restituisce true se il primo operando è strettamente minore del secondo.
   • > (Maggiore di): Restituisce true se il primo operando è strettamente maggiore del

secondo.
• <= (Minore o uguale a): Restituisce true se il primo operando è minore o uguale al
secondo.
• >= (Maggiore o uguale a): Restituisce true se il primo operando è maggiore o uguale al
secondo.
• <=> (Spaceship Operator - introdotto in PHP 7): Restituisce 0 se i due operandi sono
uguali, -1 se il primo è minore del secondo, 1 se il primo è maggiore del secondo. Utile per
ordinamenti.
code PHP
downloadcontent_copy
expand_less

```php
<?php
$a = 5;
$b = "5";
$c = 10;

var_dump($a ==
```

```
        b);//true(5e`ugualea"5"dopolaconversione)vardump(b);     // true (5
è uguale a "5" dopo la conversione)
var_dump(b);//true(5e`ugualea"5"dopolaconversione)vardump(
```

```
a ===
```

```
        b);//false(5e`ugualea"5",maintnone`stringa)vardump(b);   // false
(5 è uguale a "5", ma int non è stringa)
var_dump(b);//false(5e`ugualea"5",maintnone`stringa)vardump(
```

```
a !=
```

```
        c);//truevardump(c);     // true
var_dump(c);//truevardump(
```

```
a !==
```

```
        b);//truevardump(b);     // true
var_dump(b);//truevardump(
```

```
a <
```

```
        c);//truevardump(c);     // true
var_dump(c);//truevardump(
```

```
a <=>
```

```
        c);//-1(ae`minoredic)vardump(c);   // -1 (a è minore di c)
var_dump(c);//-1(ae`minoredic)vardump(
```

```
c <=>
        a);//1(ce`maggioredia)vardump(a);    // 1 (c è maggiore di a)
var_dump(a);//1(ce`maggioredia)vardump(
```

a <=> $b); // 0 (a e b sono considerati uguali per l'ordinamento)
?>

4. Operatori Logici:
   Combinano espressioni condizionali per creare condizioni più complesse.
   • and o && (AND logico): Restituisce true se entrambe le condizioni sono vere.
   • or o || (OR logico): Restituisce true se almeno una delle condizioni è vera.
   • xor (XOR logico): Restituisce true se una delle condizioni è vera, ma non entrambe.
   • ! (NOT logico): Inverte il risultato di una condizione (true diventa false, false diventa true).
   code PHP
   downloadcontent_copy
   expand_less
   <?php
   $eta = 20;
   $has_patente = true;

   if ($eta >= 18 && $has_patente) {
   echo "Puoi guidare.
";
   }

   $soldi = 50;
   $prezzo_caffe = 3;
   $prezzo_torta = 8;

   if ($soldi >= $prezzo_caffe || $soldi >= $prezzo_torta) {
   echo "Puoi comprare qualcosa.
";
   }

```
        isadmin=false;if(!is_admin = false;
if (!isadmin=false;if(!
```

   is_admin) {
   echo "Non sei un amministratore.
";
   }

   $cond1 = true;

```
        cond2=false;vardump(cond2 = false;
var_dump(cond2=false;vardump(
```

   cond1 xor $cond2); // true (una è vera, l'altra falsa)
   $cond3 = true;

```
        cond4=true;vardump(cond4 = true;
```

```
var_dump(cond4=true;vardump(
```

cond3 xor $cond4); // false (entrambe vere)
?>

Nota sull'ordine di precedenza: && e || hanno una precedenza maggiore rispetto a and e or. È sempre buona pratica usare le parentesi () per chiarire l'ordine di valutazione nelle espressioni complesse.

5. Operatori di Incremento/Decremento:
   Utilizzati per incrementare o decrementare il valore di una variabile di uno.
   • ++$x (Pre-incremento): Incrementa $x di uno, poi restituisce

```
       x.•'x.
• `x.•'
```

x++(Post-incremento): Restituisce $x, poi incrementa $x di uno. •--$x(Pre-decremento): Decrementa $x di uno, poi restituisce $x. •$x--` (Post-decremento): Restituisce $x, poi decrementa $x di uno.
code PHP
downloadcontent_copy
expand_less
<?php

```
        i=5;echo"Pre-incremento:".++i = 5;
echo "Pre-incremento: " . ++i=5;echo"Pre-incremento:".++
```

i . "<br>"; // i diventa 6, stampa 6
echo "Valore di i: " . $i . "<br>"; // 6

$j = 5;
echo "Post-incremento: " . $j++ . "<br>"; // stampa 5, poi j diventa 6
echo "Valore di j: " . $j . "<br>"; // 6
?>

6. Operatori Stringa:
   Utilizzati specificamente per le stringhe.
   • . (Concatenazione): Unisce due stringhe.
   • . (Concatenazione e Assegnazione): Appende la stringa di destra alla stringa di sinistra.
   code PHP
   downloadcontent_copy
   expand_less
   <?php
   $str1 = "Hello";
   $str2 = " World!";
   echo $str1 . $str2 . "<br>"; // Output: Hello World!

```php
$str1 .= $str2;
echo $str1 . "<br>"; // Output: Hello World!
?>
```

7. Operatori Ternari (Condizionali):

Un operatore a tre operandi che offre un modo conciso per scrivere semplici istruzioni if-else.

Sintassi: condizione ? valore_se_vero : valore_se_falso

code PHP

downloadcontent_copy

expand_less

```php
<?php
$eta = 17;
```

```
stato=(stato = (stato=(
```

```php
eta >= 18) ? "Maggiorenne" : "Minorenne";
echo $stato . "<br>"; // Output: Minorenne

// Operatore Elvis (?:) - introdotto in PHP 5.3
// Restituisce l'espressione di sinistra se è vera e non NULL, altrimenti l'espressione di destra.
$nome_utente = $_GET['user'] ?? 'Ospite'; // Se $_GET['user'] è impostato e non NULL, usa quello, altrimenti 'Ospite'
echo "Benvenuto, " . $nome_utente . "<br>";

// Operatore Null Coalescing (??) - introdotto in PHP 7
// Restituisce il suo primo operando se esiste e non è NULL, altrimenti restituisce il suo secondo operando.
$user = $_GET['user'] ?? $_POST['user'] ?? 'nobody';
echo "Utente corrente: " . $user . "<br>";
?>
```

8. Operatori Bitwise (A livello di bit):

Questi operatori agiscono sui singoli bit di numeri interi. Sono meno comuni nello sviluppo web di base ma sono importanti in contesti specifici (es. manipolazione di flag, crittografia a basso livello).

- & (AND)
- | (OR)
- ^ (XOR)
- ~ (NOT)
- << (Shift a sinistra)
- >> (Shift a destra)

code PHP

downloadcontent_copy

expand_less

```
<?php
$a = 5; // Binario: 0101
$b = 3; // Binario: 0011

echo "AND a & b: " . ($a &
```

```
        b)."<br>";//0001=1echo"ORa|b:".(b) . "<br>"; // 0001 = 1
echo "OR a | b: " . (b)."<br>";//0001=1echo"ORa|b:".(
```

```
a |
```

```
        b)."<br>";//0111=7echo"XORab:".(b) . "<br>"; // 0111 = 7
echo "XOR a ^ b: " . (b)."<br>";//0111=7echo"XORab:".(
```

```
a ^
```

```
        b)."<br>";//0110=6echo"NOTa:".(b) . "<br>"; // 0110 = 6
echo "NOT ~a: " . (~b)."<br>";//0110=6echo"NOTa:".(
```

```
a) . "<br>"; // Dipende dalla rappresentazione dei numeri negativi, di solito -6
echo "Shift Left a << 1: " . (
```

```
        a<<1)."<br>";//1010=10(moltiplicaper2)echo"ShiftRighta>>1:".(a <<
1) . "<br>"; // 1010 = 10 (moltiplica per 2)
echo "Shift Right a >> 1: " .
(a<<1)."<br>";//1010=10(moltiplicaper2)echo"ShiftRighta>>1:".(
```

```
a >> 1) . "<br>"; // 0010 = 2 (divide per 2)
?>
```

Comprendere gli operatori e la loro precedenza è fondamentale per scrivere codice PHP corretto ed efficiente.

PHP If...Else...Elseif (Condizioni)
Le strutture condizionali permettono al tuo codice di prendere decisioni e di eseguire blocchi di codice diversi in base alla verità o falsità di una o più condizioni. if, else, e elseif sono i costrutti fondamentali per questo scopo.

1. L'istruzione if:
   Esegue un blocco di codice solo se una condizione specificata è vera.
   Sintassi:

code PHP
downloadcontent_copy
expand_less

```
    if (condizione) {
    // Codice da eseguire se la condizione è vera
}
```

Esempio:
code PHP
downloadcontent_copy
expand_less

```php
<?php
$ora = date("H"); // Ottiene l'ora corrente in formato 24 ore (es. 14 per le 14:00)

if ($ora < 12) {
echo "Buongiorno!";
}
?>
```

1. L'istruzione if...else:
   Esegue un blocco di codice se la condizione è vera e un blocco di codice alternativo se la condizione è falsa.
   Sintassi:

code PHP
downloadcontent_copy
expand_less

```php
    if (condizione) {
    // Codice da eseguire se la condizione è vera
} else {
    // Codice da eseguire se la condizione è falsa
}
```

Esempio:
code PHP
downloadcontent_copy
expand_less

```php
<?php
$eta = 19;

if ($eta >= 18) {
echo "Sei maggiorenne e puoi votare.";
} else {
echo "Sei minorenne e non puoi votare.";
}
?>
```

1. L'istruzione if...elseif...else:
   Utilizzata per specificare più blocchi di codice alternativi da eseguire. PHP valuterà le condizioni in ordine; il primo blocco if o elseif la cui condizione risulta vera verrà eseguito, e tutti gli altri verranno ignorati.
   Sintassi:

code PHP
downloadcontent_copy

```
expand_less
    if (condizione1) {
    // Codice da eseguire se condizione1 è vera
} elseif (condizione2) {
    // Codice da eseguire se condizione1 è falsa E condizione2 è vera
} elseif (condizione3) {
    // Codice da eseguire se condizione1 e condizione2 sono false E condizione3
è vera
} else {
    // Codice da eseguire se nessuna delle condizioni precedenti è vera
}
```

Esempio:
code PHP
downloadcontent_copy
expand_less
<?php
$voto = 85;

if (

```
        voto>=90)echo"Voto:A(Eccellente)";elseif(voto >= 90) {
echo "Voto: A (Eccellente)";
} elseif (voto>=90)echo"Voto:A(Eccellente)";elseif(
```

voto >= 80) {
echo "Voto: B (Molto buono)";
} elseif (

```
        voto>=70)echo"Voto:C(Buono)";elseif(voto >= 70) {
echo "Voto: C (Buono)";
} elseif (voto>=70)echo"Voto:C(Buono)";elseif(
```

voto >= 60) {
echo "Voto: D (Sufficiente)";
} else {
echo "Voto: F (Insufficiente)";
}
?>

Sintassi Alternativa per le Condizioni:
PHP offre anche una sintassi alternativa per le strutture di controllo, che è spesso preferita quando si mescola PHP con HTML, in quanto può migliorare la leggibilità. Invece delle parentesi graffe, si usa due punti (:) dopo la condizione e una parola chiave endif;, endfor;, endwhile;, endforeach; o endswitch; per chiudere il blocco.
Sintassi alternativa if...else:

code PHP
downloadcontent_copy

expand_less
```
    if (condizione):
    // Codice da eseguire
else:
    // Codice da eseguire
endif;
```

Esempio con sintassi alternativa:
code PHP
downloadcontent_copy
expand_less
```
<!DOCTYPE html>

<html>
<body>
<?php $username = "ospite"; ?>
<?php if ($username == "admin"): ?>
```
code Code
downloadcontent_copy
expand_less
```
    <h1>Benvenuto Amministratore!</h1>
<p>Hai accesso completo al pannello di controllo.</p>
```

```
<?php elseif ($username == "ospite"): ?>
```
code Code
downloadcontent_copy
expand_less
```
    <h2>Ciao Ospite!</h2>
<p>Registrati per accedere a più funzionalità.</p>
```

```
<?php else: ?>
```
code Code
downloadcontent_copy
expand_less
```
    <h3>Ciao <?php echo $username; ?>!</h3>
<p>Grazie per aver visitato il nostro sito.</p>
```

```
<?php endif; ?>
</body>
</html>
```

Considerazioni sulla leggibilità e la nidificazione:
• Evitate una nidificazione eccessiva di if statements, poiché rende il codice difficile da leggere e mantenere. Se vi trovate con molte if nidificate, potreste voler considerare l'uso di switch o di rifattorizzare la logica in funzioni separate.

• Usate la sintassi alternativa if (): ... endif; quando state includendo grandi blocchi di HTML all'interno delle vostre condizioni per migliorare la chiarezza.

PHP Switch (Condizioni multiple)

L'istruzione switch viene utilizzata per eseguire diverse azioni in base a diverse condizioni per la stessa variabile. È un'alternativa più pulita e spesso più efficiente rispetto a una lunga catena di if...elseif...else quando si confronta una singola variabile con molti valori possibili.

Sintassi:

code PHP
downloadcontent_copy
expand_less

```
    switch (n) {
    case value1:
        // Codice da eseguire se n è uguale a value1
        break;
    case value2:
        // Codice da eseguire se n è uguale a value2
        break;
    case value3:
        // Codice da eseguire se n è uguale a value3
        break;
    default:
        // Codice da eseguire se n non corrisponde a nessuno dei valori
precedenti
        break; // Il break qui è opzionale se è l'ultima istruzione
}
```

Spiegazione:

• n: È la variabile (o espressione) che si vuole confrontare.

• case valueX:: Ogni blocco case definisce un valore specifico da confrontare con n. Se n è uguale a valueX, il codice all'interno di questo case viene eseguito.

• break;: La parola chiave break è cruciale. Serve a terminare l'esecuzione dell'istruzione switch e a passare al codice successivo. **Se si omette break;, l'esecuzione continuerà al blocco case successivo (fenomeno noto come "fall-through"), anche se la condizione del case successivo è falsa.**

• default:: Il blocco default è opzionale. Viene eseguito se n non corrisponde a nessuno dei valori specificati nei case precedenti.

Esempio:
code PHP
downloadcontent_copy
expand_less

```
<?php
$colorePreferito = "blu";

switch ($colorePreferito) {
case "rosso":
echo "Il tuo colore preferito è il rosso!";
break;
```

```
case "blu":
echo "Il tuo colore preferito è il blu!";
break;
case "verde":
echo "Il tuo colore preferito è il verde!";
break;
default:
echo "Non hai scelto un colore preferito tra rosso, blu o verde.";
}
?>
```

Esempio con "fall-through" (evitare se non intenzionale):
code PHP
downloadcontent_copy
expand_less

```
<?php
$i = 2;

switch ($i) {
case 1:
echo "Il numero è 1<br>";
case 2:
echo "Il numero è 2<br>"; // Questo verrà eseguito
case 3:
echo "Il numero è 3<br>"; // Anche questo verrà eseguito a causa del fall-through
default:
echo "Il numero non è 1, 2 o 3<br>"; // E anche questo
}
// Output:
// Il numero è 2
// Il numero è 3
// Il numero non è 1, 2 o 3
?>
```

Questo mostra l'importanza del break; per controllare il flusso di esecuzione.

Sintassi Alternativa switch:
Anche per lo switch esiste una sintassi alternativa che può migliorare la leggibilità, specialmente quando si mescola PHP con HTML.

code PHP
downloadcontent_copy
expand_less

```
    switch (n):
    case value1:
        // Codice
        break;
    default:
```

```
        // Codice
        break;
endswitch;
```

Esempio con sintassi alternativa:
code PHP
downloadcontent_copy
expand_less

```
<!DOCTYPE html>

<html>
<body>
<?php $giornoSettimana = date("N"); // N restituisce il giorno della settimana (1 per Lunedì, 7 per
Domenica) ?>
<?php switch ($giornoSettimana):
case 6: ?>
```

code Code
downloadcontent_copy
expand_less

```
    <h2>Oggi è Sabato!</h2>
    <p>Goditi il fine settimana!</p>
<?php break; ?>
<?php case 7: ?>
    <h2>Oggi è Domenica!</h2>
    <p>Tempo di riposo!</p>
<?php break; ?>
<?php default: ?>
    <h3>Oggi è un giorno feriale.</h3>
    <p>Continua a lavorare, il fine settimana arriverà presto.</p>
<?php break; ?>
```

```
<?php endswitch; ?>
</body>
</html>
```

Quando usare switch e quando if...elseif...else?
• Usa switch quando hai una singola variabile da confrontare con molti valori discreti. È spesso più leggibile e, in alcuni casi, può essere leggermente più performante per un gran numero di confronti.
• Usa if...elseif...else quando le condizioni sono basate su intervalli, espressioni complesse o coinvolgono variabili diverse.

PHP Cicli (For, While, Do...While, Foreach)
I cicli (o loop) vengono utilizzati per eseguire ripetutamente un blocco di codice un certo numero di volte o finché una condizione specifica rimane vera. Sono fondamentali per automatizzare compiti ripetitivi.

1. Ciclo while:
   Esegue un blocco di codice finché la condizione specificata è vera. La condizione viene

valutata **prima** di ogni iterazione.
Sintassi:

code PHP
downloadcontent_copy
expand_less

```
while (condizione) {
```

code PHP
downloadcontent_copy
expand_less

```
    // Codice da eseguire
}
```

Esempio:
code PHP
downloadcontent_copy
expand_less

```php
<?php
$i = 1;
while ($i <= 5) {
echo "Il numero è: " . $i . "<br>";
$i++; // Incrementa $i per evitare un loop infinito
}
// Output:
// Il numero è: 1
// Il numero è: 2
// Il numero è: 3
// Il numero è: 4
// Il numero è: 5
?>
```

Attenzione: È fondamentale assicurarsi che la condizione del ciclo while diventi falsa ad un certo punto, altrimenti si verificherà un loop infinito che bloccherà l'esecuzione dello script.

1. Ciclo do...while:
   È simile al ciclo while, ma garantisce che il blocco di codice venga eseguito **almeno una volta**, perché la condizione viene valutata **dopo** ogni iterazione.
   Sintassi:

code PHP
downloadcontent_copy
expand_less

```
    do {
    // Codice da eseguire
```

```
} while (condizione);
```

Esempio:
code PHP
code PHP
downloadcontent_copy
expand_less

```
<?php
$i = 6; // $i è già maggiore di 5

do {
echo "Il numero è: " . $i . "<br>";
```

```
i <= 5);
// Output: Il numero è: 6 (perché il codice viene eseguito almeno una volta)
?>
```

Esempio più comune:
code PHP
downloadcontent_copy
expand_less

```
<?php
$i = 1;
do {
echo "Il numero è: " . $i . "<br>";
$i++;
} while ($i <= 5);
// Output:
// Il numero è: 1
// Il numero è: 2
// Il numero è: 3
// Il numero è: 4
// Il numero è: 5
?>
```

1. Ciclo for:
   È un ciclo più strutturato, ideale quando si sa in anticipo quante volte si desidera che il ciclo venga eseguito.
   Sintassi:

code PHP
downloadcontent_copy
expand_less

```
    for (inizializzazione; condizione; incremento) {
```

```
    // Codice da eseguire
}
```

Spiegazione:

• inizializzazione: Viene eseguita una sola volta all'inizio del ciclo, tipicamente per impostare un contatore.

• condizione: Viene valutata prima di ogni iterazione. Il ciclo continua finché questa condizione è vera.

• incremento: Viene eseguito alla fine di ogni iterazione del ciclo.

Esempio:

code PHP

downloadcontent_copy

expand_less

```php
<?php
for ($i = 0; $i < 5; $i++) {
echo "Il contatore è: " . $i . "<br>";
}
// Output:
// Il contatore è: 0
// Il contatore è: 1
// Il contatore è: 2
// Il contatore è: 3
// Il contatore è: 4
?>
```

Sintassi Alternativa for:

code PHP

downloadcontent_copy

expand_less

```php
    for (inizializzazione; condizione; incremento):
    // Codice da eseguire
endfor;
```

1. Ciclo foreach:

Progettato specificamente per iterare su array e oggetti. È il modo più semplice per scorrere ogni elemento di un array.

Sintassi (per array indicizzati o valori):

code PHP

downloadcontent_copy

expand_less

```php
    foreach ($array as $value) {
    // Codice da eseguire per ogni $value nell'array
}
```

Sintassi (per array associativi o chiave-valore):

code PHP
downloadcontent_copy
expand_less

```
foreach ($array as $key => $value) {
// Codice da eseguire per ogni $key e $value nell'array
}
```

Esempio (array indicizzato):
code PHP
downloadcontent_copy
expand_less

```
<?php
$colori = array("rosso", "verde", "blu");
foreach ($colori as $colore) {
echo $colore . "<br>";
}
// Output:
// rosso
// verde
// blu
?>
```

Esempio (array associativo):
code PHP
downloadcontent_copy
expand_less

```
<?php
$eta = array("Peter" => 35, "Ben" => 37, "Joe" => 43);
foreach ($eta as $nome => $anni) {
echo "Nome: " . $nome . ", Età: " . $anni . "<br>";
}
// Output:
// Nome: Peter, Età: 35
// Nome: Ben, Età: 37
// Nome: Joe, Età: 43
?>
```

Sintassi Alternativa foreach:

code PHP
downloadcontent_copy
expand_less

```
foreach ($array as $key => $value):
// Codice da eseguire
endforeach;
```

Controllo dei Cicli:
• break: Utilizzato per terminare immediatamente l'esecuzione del ciclo corrente e passare all'istruzione successiva al ciclo.
• continue: Salta l'iterazione corrente del ciclo e continua con la prossima iterazione.
Esempio con break e continue:
code PHP
downloadcontent_copy
expand_less

```php
<?php
for ($i = 0; $i < 10; $i++) {
if ($i == 3) {
continue; // Salta il 3, non lo stampa
}
if ($i == 7) {
break; // Interrompe il ciclo quando i è 7
}
echo $i . "<br>";
}
// Output:
// 0
// 1
// 2
// 4
// 5
// 6
?>
```

I cicli sono strumenti indispensabili per elaborare collezioni di dati, generare HTML dinamico e automatizzare molteplici operazioni.

Capitolo 4: Funzioni e Array
PHP Funzioni (Creazione e utilizzo di funzioni)
Le funzioni sono blocchi di codice riutilizzabili che eseguono un compito specifico. Definire funzioni aiuta a organizzare il codice, a renderlo più leggibile, più facile da mantenere e a evitare la ripetizione del codice (principio DRY - Don't Repeat Yourself).

Definizione di una Funzione:
In PHP, una funzione viene definita usando la parola chiave function, seguita dal nome della funzione, un elenco di parametri tra parentesi (anche vuoto) e un blocco di codice racchiuso tra parentesi graffe.
Sintassi:

code PHP

downloadcontent_copy

expand_less

```
    function nomeFunzione($parametro1, $parametro2, ...) {
    // Blocco di codice della funzione
    // ...
    return $valore; // Opzionale: restituisce un valore
}
```

code Code

downloadcontent_copy

expand_less

- `nomeFunzione`: Il nome della funzione. Deve seguire le stesse regole di denominazione delle variabili (iniziare con lettera o underscore, senza $, ecc.) ed è case-insensitive per l'invocazione, ma è buona pratica mantenerlo coerente.
- `($parametro1, $parametro2, ...)`: Un elenco opzionale di parametri (o argomenti) che la funzione accetta. Questi sono variabili locali alla funzione e contengono i valori passati quando la funzione viene chiamata.
- `return $valore;`: L'istruzione `return` è opzionale. Se presente, la funzione restituisce il `$valore` specificato al punto in cui è stata chiamata e termina la sua esecuzione. Se `return` viene omesso o non specifica un valore, la funzione restituisce `NULL` per impostazione predefinita.

Esempio Semplice:

code PHP

downloadcontent_copy

expand_less

```php
<?php
function saluta() {
echo "Ciao dal tuo primo funzione PHP!<br>";
}

// Chiamata della funzione
saluta();
saluta(); // Può essere chiamata più volte
?>
```

Funzioni con Parametri:

code PHP

downloadcontent_copy

expand_less

```php
<?php
function salutaNome($nome) {
echo "Ciao, " . $nome . "! Benvenuto.<br>";
}

salutaNome("Alice");
salutaNome("Bob");
```

```php
function sommaNumeri($num1, $num2) {
$risultato = $num1 + $num2;
echo "La somma di " . $num1 . " e " . $num2 . " è: " . $risultato . "<br>";
}

sommaNumeri(10, 5);
sommaNumeri(7, 3);
?>
```

Funzioni con Valore di Ritorno:
code PHP
downloadcontent_copy
expand_less

```php
<?php
function moltiplica($num1, $num2) {
$prodotto = $num1 * $num2;
return $prodotto; // Restituisce il risultato
}

$risultatoMoltiplicazione = moltiplica(4, 6);
echo "Il prodotto è: " . $risultatoMoltiplicazione . "<br>"; // Output: Il prodotto è: 24

echo "5 x 5 = " . moltiplica(5, 5) . "<br>"; // Si può usare il valore direttamente
?>
```

Valori di Default per i Parametri:
È possibile specificare un valore di default per i parametri di una funzione. Se l'argomento non
viene passato quando la funzione è chiamata, verrà usato il valore di default.
code PHP
downloadcontent_copy
expand_less

```php
<?php
function impostaAltezza($minAltezza = 50) {
echo "L'altezza minima è: " . $minAltezza . " cm.<br>";
}

impostaAltezza(350); // Output: L'altezza minima è: 350 cm.
impostaAltezza(); // Output: L'altezza minima è: 50 cm. (usa il valore di default)
impostaAltezza(120); // Output: L'altezza minima è: 120 cm.
?>
```

Argomenti Tipizzati (Type Declarations - Introdotto in PHP 7):
PHP consente di specificare i tipi di dati attesi per i parametri di una funzione e per il valore di
ritorno. Questo aiuta a scrivere codice più robusto e facile da debuggare, catturando errori di tipo in
anticipo.
• Per i parametri: function nomeFunzione(tipo $parametro)
• Per il valore di ritorno: function nomeFunzione(): tipo
code PHP

downloadcontent_copy
expand_less

```php
<?php
function addNumbers(int $a, int $b) {
return $a + $b;
}

echo addNumbers(5, 10); // Output: 15
// echo addNumbers(5, "10"); // Fatal error: Uncaught TypeError in strict_types mode.
// Se strict_types non è abilitato, "10" verrebbe convertito a int 10.
?>
```

Per abilitare la modalità "strict_types", aggiungi declare(strict_types=1); come prima riga del tuo file PHP (dopo il tag <?php). Questo assicura che le dichiarazioni di tipo vengano rigorosamente rispettate.

code PHP
downloadcontent_copy
expand_less

```php
<?php
declare(strict_types=1); // Deve essere la primissima istruzione nel file dopo il tag <?php

function divide(float $dividendo, float
```

```php
divisore === 0.0) {
// Gestione dell'errore o eccezione
trigger_error("Divisione per zero non permessa", E_USER_WARNING);
return NAN; // Not a Number
}
return $dividendo / $divisore;
}

echo divide(10.5, 2.0); // Output: 5.25
echo "<br>";
// echo divide(10, 3); // Fatal error in strict_types, perché 10 e 3 sono int, non float.
// Senza strict_types, PHP li converte automaticamente.
?>
```

Passaggio di Argomenti per Riferimento:
Per impostazione predefinita, gli argomenti delle funzioni vengono passati per valore (una copia del valore viene passata alla funzione). Se vuoi che una funzione possa modificare la variabile originale passata come argomento, devi passarla per riferimento usando l'operatore &.

code PHP
downloadcontent_copy
expand_less

```php
<?php
```

```
function addFive(&$numero) { // Nota l'ampersand
$numero += 5;
}
```

```
    valore=10;addFive(valore = 10;
addFive(valore=10;addFive(
```

valore);
echo $valore; // Output: 15 (la variabile originale è stata modificata)
?>

Le funzioni sono uno degli elementi più importanti e potenti di qualsiasi linguaggio di programmazione, e PHP non fa eccezione. Usarle correttamente rende il codice modulare, riutilizzabile e più facile da gestire.

PHP Array (Array indicizzati, associativi, multidimensionali)
Gli array sono variabili speciali che possono contenere più valori sotto un singolo nome. Ogni valore nell'array ha un proprio "indice" o "chiave" che permette di accedervi. PHP gestisce gli array in modo molto flessibile e sono uno dei tipi di dati più usati.

In PHP, gli array possono essere di tre tipi principali:

1. Array Indicizzati (o Numerici):
   • Gli elementi sono identificati da un indice numerico.
   • Per impostazione predefinita, l'indice parte da 0 per il primo elemento, 1 per il secondo e così via.
   • Possono essere creati usando la funzione array() o la sintassi con le parentesi quadre [].

   Creazione:

   code PHP
   downloadcontent_copy
   expand_less
   ```
       $frutti = array("mela", "banana", "arancia");
   // O (sintassi più moderna e preferita)
   $verdure = ["carota", "sedano", "pomodoro"];
   ```

   Accesso agli elementi:

   code PHP
   downloadcontent_copy
   expand_less
   ```
       echo $frutti[0]; // Output: mela
   echo $verdure[1]; // Output: sedano
   ```

   Aggiungere elementi:

   code PHP
   downloadcontent_copy

expand_less
```
    $frutti[] = "kiwi"; // Aggiunge "kiwi" alla fine (indice 3)
$frutti[4] = "pera"; // Aggiunge "pera" all'indice specificato
```

Esempio completo:

code PHP

downloadcontent_copy

expand_less

```php
<?php
$auto = ["Volvo", "BMW", "Toyota"];
echo "Mi piacciono le " . $auto[0] . ", le " . $auto[1] . " e le " . $auto[2] . ".<br>";

// Aggiungi un elemento
$auto[] = "Ford";
echo "Ho aggiunto una " . $auto[3] . ".<br>";

// Modifica un elemento
$auto[1] = "Mercedes";
echo "Ora la seconda auto è una " . $auto[1] . ".<br>";

// Visualizza l'intero array per il debugging
echo "<pre>";
print_r($auto);
echo "</pre>";
/* Output print_r:
Array
(
[0] => Volvo
[1] => Mercedes
[2] => Toyota
[3] => Ford
)
*/
?>
```

2. Array Associativi:

   • Gli elementi sono identificati da una "chiave" nominale (una stringa) anziché da un indice numerico.

   • Sono utili quando si desidera associare un nome descrittivo ai valori.

Creazione:

code PHP

downloadcontent_copy

expand_less

```php
    $eta = array("Peter" => 35, "Ben" => 37, "Joe" => 43);
// O
$capitale = [
```

```
    "Italia" => "Roma",
    "Francia" => "Parigi",
    "Germania" => "Berlino"
];
```

Accesso agli elementi:

code PHP

downloadcontent_copy

expand_less
```
    echo "Peter ha " . $eta["Peter"] . " anni.<br>"; // Output: Peter ha
35 anni.
echo "La capitale della Francia è " . $capitale["Francia"] . ".<br>";
```

Aggiungere/modificare elementi:

code PHP

downloadcontent_copy

expand_less
```
    $eta["Marco"] = 28; // Aggiunge un nuovo elemento
$eta["Ben"] = 38;   // Modifica il valore esistente
```

Esempio completo:

code PHP

downloadcontent_copy

expand_less
```
<?php
$puntiGiocatore = [
"Mario" => 1500,
"Luigi" => 1200,
"Peach" => 1800
];

echo "I punti di Mario sono: " . $puntiGiocatore["Mario"] . ".<br>";

// Aggiungi un nuovo giocatore
$puntiGiocatore["Toad"] = 900;
echo "I punti di Toad sono: " . $puntiGiocatore["Toad"] . ".<br>";

// Visualizza l'intero array per il debugging
echo "<pre>";
print_r($puntiGiocatore);
echo "</pre>";
/* Output print_r:
Array
(
[Mario] => 1500
```

```
[Luigi] => 1200
[Peach] => 1800
[Toad] => 900
)
*/
?>
```

3. Array Multidimensionali:
   - Un array che contiene uno o più array al suo interno.
   - Utili per memorizzare dati complessi o gerarchici, come una tabella di dati o una lista di prodotti con diverse proprietà.

Creazione:

code PHP

downloadcontent_copy

expand_less

```
    $autoMultidim = array(
    array("Volvo", 22, 18),
    array("BMW", 15, 13),
    array("Saab", 5, 2),
    array("Land Rover", 17, 15)
);
// O con la sintassi più moderna:
$studenti = [
    ["nome" => "Anna", "eta" => 20, "corso" => "Informatica"],
    ["nome" => "Marco", "eta" => 22, "corso" => "Matematica"],
    ["nome" => "Giulia", "eta" => 21, "corso" => "Fisica"]
];
```

Accesso agli elementi:
Per accedere a un elemento in un array multidimensionale, si usano più indici o chiavi, uno per ogni "livello" dell'array.

code PHP

downloadcontent_copy

expand_less

```
    echo $autoMultidim[0][0]; // Output: Volvo
echo $studenti[1]["nome"]; // Output: Marco
```

Esempio completo:
code PHP

downloadcontent_copy

expand_less

```
<?php
$classi = [
"ClasseA" => [
["nome" => "Luca", "voto" => 8],
["nome" => "Sara", "voto" => 9]
```

```
],
"ClasseB" => [
["nome" => "Paolo", "voto" => 7],
["nome" => "Elena", "voto" => 10]
]
];
```

echo "Il voto di Luca nella ClasseA è: " . $classi["ClasseA"][0]["voto"] . ".
";

```
// Iterare un array multidimensionale con foreach
foreach ($classi as $nomeClasse => $studentiClasse) {
echo "<h3>" .
```

```
        nomeClasse."</h3>";foreach(nomeClasse  .  "</h3>";
foreach (nomeClasse."</h3>";foreach(
```

```
studentiClasse as $studente) {
echo "Nome: " . $studente["nome"] . ", Voto: " . $studente["voto"] . "<br>";
}
}
```

```
echo "<pre>";
print_r($classi);
echo "</pre>";
?>
```

Funzioni Utili per gli Array:

PHP offre centinaia di funzioni integrate per manipolare gli array. Eccone alcune tra le più usate:

• count(): Restituisce il numero di elementi in un array.

• sort(): Ordina un array indicizzato in ordine ascendente.

• rsort(): Ordina un array indicizzato in ordine discendente.

• asort(): Ordina un array associativo per valore in ordine ascendente (mantenendo l'associazione chiave-valore).

• ksort(): Ordina un array associativo per chiave in ordine ascendente.

• array_push(): Aggiunge uno o più elementi alla fine di un array.

• array_pop(): Estrae e rimuove l'ultimo elemento di un array.

• array_merge(): Unisce due o più array.

• in_array(): Controlla se un valore esiste in un array.

• array_keys(): Restituisce tutte le chiavi di un array.

• array_values(): Restituisce tutti i valori di un array.

Esempio di alcune funzioni per array:

code PHP

downloadcontent_copy

expand_less

```
<?php
        numeri=[4,2,8,1,5];echo"Numerodielementi:".count(numeri = [4, 2, 8, 1,
5];
```

```
echo "Numero di elementi: " .
count(numeri=[4,2,8,1,5];echo"Numerodielementi:".count(
```

numeri) . "<br>"; // Output: 5

sort(

```
        numeri);//Ordinal'arrayecho"Arrayordinato:";printr(numeri); // Ordina
l'array
echo "Array ordinato: ";
print_r(numeri);//Ordinal'arrayecho"Arrayordinato:";printr(
```

numeri); // Output: Array ([0] => 1 [1] => 2 [2] => 4 [3] => 5 [4] => 8)
echo "<br>";

```
        citta=["Roma","Milano","Napoli"];arraypush(citta = ["Roma", "Milano",
"Napoli"];
array_push(citta=["Roma","Milano","Napoli"];arraypush(
```

citta, "Firenze", "Bologna"); // Aggiunge elementi
print_r($citta); // Output: Array ([0] => Roma [1] => Milano [2] => Napoli [3] => Firenze [4] =>
Bologna)
echo "<br>";

```
        ultimo=arraypop(ultimo = array_pop(ultimo=arraypop(
```

citta); // Rimuove l'ultimo elemento
echo "Elemento rimosso: " .

```
        ultimo."<br>";//Output:Elementorimosso:Bolognaprintr(ultimo . "<br>"; //
Output: Elemento rimosso: Bologna
print_r(ultimo."<br>";//Output:Elementorimosso:Bolognaprintr(
```

citta); // Output: Array ([0] => Roma [1] => Milano [2] => Napoli [3] => Firenze)
echo "<br>";

if (in_array("Milano", $citta)) {
echo "Milano è nell'array.
";
}
?>

Gli array sono uno strumento incredibilmente potente e versatile in PHP. La loro padronanza è
essenziale per gestire collezioni di dati in modo efficace.

PHP Funzioni Matematiche (PHP Math)
PHP include un set completo di funzioni matematiche integrate che consentono di eseguire calcoli
numerici, manipolare numeri e risolvere problemi scientifici o statistici.
Ecco alcune delle funzioni matematiche più comuni e utili in PHP:

1. pi(): Restituisce il valore di pi (π).
   code PHP
   downloadcontent_copy
   expand_less
   ```php
   <?php
   echo pi(); // Output: 3.1415926535898
   ?>
   ```

2. min() e max(): Trovano il valore più basso e il valore più alto in un set di argomenti o in un array.
   code PHP
   downloadcontent_copy
   expand_less
   ```php
   <?php
   echo min(0, 150, 30, 20, -8, -200) . "<br>"; // Output: -200
   echo max(0, 150, 30, 20, -8, -200) . "<br>"; // Output: 150

           numeri=[10,5,20,1];echomin(numeri = [10, 5, 20, 1];
   echo min(numeri=[10,5,20,1];echomin(

   numeri) . "<br>"; // Output: 1
   echo max($numeri) . "<br>"; // Output: 20
   ?>
   ```

3. abs(): Restituisce il valore assoluto di un numero (senza il segno).
   code PHP
   downloadcontent_copy
   expand_less
   ```php
   <?php
   echo abs(-6.7) . "<br>"; // Output: 6.7
   echo abs(12) . "<br>"; // Output: 12
   ?>
   ```

4. sqrt(): Restituisce la radice quadrata di un numero.
   code PHP
   downloadcontent_copy
   expand_less
   ```php
   <?php
   echo sqrt(64) . "<br>"; // Output: 8
   echo sqrt(12.25) . "<br>"; // Output: 3.5
   ?>
   ```

5. round(): Arrotonda un numero in virgola mobile al numero intero più vicino. È possibile specificare la precisione (numero di cifre decimali).
   code PHP
   downloadcontent_copy
   expand_less

```php
<?php
echo round(0.60) . "<br>"; // Output: 1
echo round(0.49) . "<br>"; // Output: 0
echo round(5.478, 2) . "<br>"; // Output: 5.48 (arrotonda a 2 cifre decimali)
?>
```

6. ceil() e floor():
   - ceil() (ceiling): Arrotonda un numero in virgola mobile **all'intero superiore più vicino.**
   - floor(): Arrotonda un numero in virgola mobile **all'intero inferiore più vicino.**

   code PHP
   downloadcontent_copy
   expand_less

```php
<?php
echo ceil(4.3) . "<br>"; // Output: 5
echo floor(4.3) . "<br>"; // Output: 4
echo ceil(9.99) . "<br>"; // Output: 10
echo floor(9.99) . "<br>"; // Output: 9
echo ceil(-2.1) . "<br>"; // Output: -2
echo floor(-2.1) . "<br>"; // Output: -3
?>
```

7. rand() / mt_rand(): Generano numeri casuali.
   - rand(): Genera un numero intero pseudo-casuale.
   - mt_rand(): Genera un numero intero pseudo-casuale usando il generatore di numeri Mersenne Twister, che è generalmente più veloce e fornisce numeri casuali migliori.
   - Possono accettare due argomenti opzionali min e max per definire un intervallo.

   code PHP
   downloadcontent_copy
   expand_less

```php
<?php
echo rand() . "<br>"; // Numero casuale grande
echo rand(10, 100) . "<br>"; // Numero casuale tra 10 e 100 (inclusi)

echo mt_rand() . "<br>"; // Numero casuale grande (più performante)
echo mt_rand(1, 6) . "<br>"; // Simula il lancio di un dado
?>
```

   Per generare numeri casuali, è buona pratica utilizzare mt_rand() anziché rand().

8. pow(): Eleva un numero a una data potenza.
   code PHP
   downloadcontent_copy
   expand_less

```php
<?php
echo pow(2, 3) . "<br>"; // Output: 8 (2 elevato alla potenza di 3, cioè 2*2*2)
echo pow(5, 2) . "<br>"; // Output: 25
?>
```

Nota: per l'esponenziale, puoi anche usare l'operatore ** (come visto in Operatori Aritmetici).

9. Funzioni Trigonometriche (sin(), cos(), tan(), asin(), acos(), atan()):
   Queste funzioni operano su angoli espressi in radianti.
   code PHP
   downloadcontent_copy
   expand_less

```php
<?php
$angoloGradi = 30;
$angoloRadianti = deg2rad($angoloGradi); // Converte gradi in radianti
echo "Seno di " . $angoloGradi . " gradi: " . sin($angoloRadianti) . "<br>";
echo "Coseno di " . $angoloGradi . " gradi: " . cos($angoloRadianti) . "<br>";
?>
```

code PHP
downloadcontent_copy
expand_less

```php
<!-- Link HTML per esempio GET -->
<a href="saluto.php?nome=Alice&citta=Roma">Saluta Alice</a>
<!-- File saluto.php -->
<?php
echo "Ciao " . $_GET['nome'] . " da " . $_GET['citta'] . "!<br>";
?>
```

I dati GET sono visibili nell'URL e hanno un limite di dimensione (circa 2048 caratteri), quindi sono più adatti per dati non sensibili o per navigazione e filtri.

1. $_FILES:
   Un array associativo di elementi caricati tramite il metodo HTTP POST e la direttiva enctype="multipart/form-data" in un form HTML. Contiene informazioni sui file caricati.
   code PHP
   downloadcontent_copy
   expand_less

```html
<!-- Form HTML per caricamento file -->
<form action="upload.php" method="post" enctype="multipart/form-data">
Seleziona un file da caricare:
<input type="file" name="fileToUpload" id="fileToUpload">
<input type="submit" value="Carica File" name="submit">
</form>
```

code Code
downloadcontent_copy
expand_less

```php
<!-- File upload.php -->
<?php
```

```php
$target_dir = "uploads/";
$target_file = $target_dir . basename($_FILES["fileToUpload"]["name"]);
$uploadOk = 1;
$imageFileType = strtolower(pathinfo($target_file,PATHINFO_EXTENSION));

// Verifica se il file è un'immagine reale o un falso
if(isset($_POST["submit"])) {
    $check = getimagesize($_FILES["fileToUpload"]["tmp_name"]);
    if($check !== false) {
        echo "Il file è un'immagine - " . $check["mime"] . ".";
        $uploadOk = 1;
    } else {
        echo "Il file non è un'immagine.";
        $uploadOk = 0;
    }
}
?>
```

code Code

downloadcontent_copy

expand_less

```
`$_FILES` contiene (per ogni file caricato):
```
- `name`: Il nome originale del file.
- `type`: Il tipo MIME del file.
- `size`: La dimensione del file in byte.
- `tmp_name`: Il percorso temporaneo in cui il file è stato salvato sul server.
- `error`: Il codice di errore associato al caricamento.

7. `$_COOKIE`:
Un array associativo di variabili passate allo script corrente tramite i cookie HTTP. I cookie sono piccoli pezzi di dati che il server invia al browser del client, che poi il browser memorizza e rimanda con ogni richiesta successiva allo stesso server.

code PHP

downloadcontent_copy

expand_less

```php
<?php
$cookie_name = "user";
$cookie_value = "John Doe";
setcookie($cookie_name, $cookie_value, time() + (86400 * 30), "/"); // 86400 = 1 giorno
?>
<html>
<body>

<?php
if(!isset($_COOKIE[$cookie_name])) {
    echo "Il cookie '" . $cookie_name . "' non è impostato!<br>";
} else {
    echo "Il cookie '" . $cookie_name . "' è impostato!<br>";
    echo "Valore: " . $_COOKIE[$cookie_name];
}
?>

</body>
</html>
```

I cookie sono utili per memorizzare informazioni sul lato client come preferenze utente, stato di login o elementi del carrello.

1. **$_SESSION:**

   Un array associativo che contiene le variabili di sessione disponibili per lo script corrente. Le sessioni sono un meccanismo per memorizzare informazioni utente attraverso più pagine, in modo più sicuro e persistente rispetto ai cookie (i dati di sessione sono memorizzati sul server, un ID di sessione è memorizzato nel cookie del client).

   code PHP

   downloadcontent_copy

   expand_less

   ```php
   <?php
   session_start(); // Deve essere chiamata all'inizio di ogni pagina che usa le sessioni
   ```

   code Code

   downloadcontent_copy

   expand_less

   ```php
       // Imposta variabili di sessione
   $_SESSION["favcolor"] = "verde";
   $_SESSION["favanimal"] = "cane";
   echo "Variabili di sessione impostate.<br>";
   ?>

   <!-- Su un'altra pagina (es. page2.php) -->
   <?php
   session_start();
   echo "Colore preferito: " . $_SESSION["favcolor"] . ".<br>";
   echo "Animale preferito: " . $_SESSION["favanimal"] . ".<br>";

   // Per modificare una variabile di sessione
   $_SESSION["favcolor"] = "blu";
   echo "Il tuo nuovo colore preferito è " . $_SESSION["favcolor"] . ".<br>";

   // Per rimuovere una singola variabile di sessione
   unset($_SESSION['favanimal']);
   // Per distruggere l'intera sessione
   session_destroy();
   ?>
   ```

   code Code

   downloadcontent_copy

   expand_less

   ```
       Le sessioni sono essenziali per gestire stati di login, carrelli della spesa
   complessi e altre informazioni persistenti per un utente durante la sua visita.
   ```

9. `$_ENV`:

   ```
       Un array associativo di variabili passate allo script corrente
   dall'ambiente. Queste includono variabili di sistema come PATH, HOME, ecc. Le
   variabili d'ambiente sono spesso utilizzate per configurazioni sensibili (es.
   credenziali del database) che non dovrebbero essere nel codice sorgente.
       code PHP
       downloadcontent_copy
       expand_less
           <?php
   ```

```
echo "Il percorso del sistema è: " . $_ENV['PATH'] . "<br>";
// Oppure, più sicuro, ottenere una specifica variabile d'ambiente
// echo getenv('DB_PASSWORD');
?>
```

Le variabili superglobali sono il ponte tra il vostro script PHP e il mondo esterno (browser, server, sistema operativo, altre pagine). Capire come e quando usarle è fondamentale per lo sviluppo web.

PHP RegEx (Espressioni Regolari)
Le espressioni regolari (RegEx o Regex) sono sequenze di caratteri che definiscono un pattern di ricerca. Sono strumenti estremamente potenti per la corrispondenza e la manipolazione di stringhe complesse. Vengono utilizzate per la validazione di input, la ricerca di testo, la sostituzione di parti di stringhe e lo splitting.

PHP offre un'estensione per le espressioni regolari basata sulle librerie PCRE (Perl Compatible Regular Expressions), che sono molto potenti e flessibili.

Funzioni RegEx Comuni in PHP:
• preg_match(): Cerca un pattern in una stringa. Restituisce 1 se trova una corrispondenza, 0 altrimenti.
• preg_match_all(): Cerca tutte le occorrenze di un pattern in una stringa e le restituisce in un array.
• preg_replace(): Sostituisce tutte le occorrenze di un pattern in una stringa con una stringa di sostituzione.
• preg_split(): Divide una stringa in un array di sottostringhe usando un pattern come delimitatore.

Sintassi di Base delle Espressioni Regolari:
Le espressioni regolari sono racchiuse tra delimitatori (spesso / ma possono essere anche #, ~, ecc.). Esempio: /pattern/

Caratteri e Metacaratteri Comuni:
• **Literal Characters**: La maggior parte dei caratteri corrisponde a se stessa (es. a, 1, hello).
• **Quantificatori**:
• *: Zero o più occorrenze del carattere precedente.
• +: Una o più occorrenze del carattere precedente.
• ?: Zero o una occorrenza del carattere precedente (opzionale).
• {n}: Esattamente n occorrenze.
• {n,}: Almeno n occorrenze.
• {n,m}: Tra n e m occorrenze.
• **Ancoraggi**:
• ^: Corrisponde all'inizio della stringa.
• $: Corrisponde alla fine della stringa.
• **Classi di Caratteri**:
• .: Qualsiasi carattere (tranne newline).
• [abc]: Corrisponde a 'a', 'b' o 'c'.
• [^abc]: Corrisponde a qualsiasi carattere eccetto 'a', 'b' o 'c'.
• [a-z]: Corrisponde a qualsiasi lettera minuscola.
• [A-Z]: Corrisponde a qualsiasi lettera maiuscola.

- [0-9]: Corrisponde a qualsiasi cifra.
- [a-zA-Z0-9]: Corrisponde a qualsiasi carattere alfanumerico.
- **Caratteri di Escape Speciali (Shorthand Character Classes)**:
- \d: Qualsiasi cifra (equivalente a [0-9]).
- \D: Qualsiasi carattere non cifra (equivalente a [^0-9]).
- \w: Qualsiasi carattere "parola" (lettera, numero o underscore, equivalente a [a-zA-Z0-9_]).
- \W: Qualsiasi carattere non "parola".
- \s: Qualsiasi spazio bianco (spazi, tab, newline).
- \S: Qualsiasi carattere non spazio bianco.
- **Alternanza**:
- |: OR logico (es. cane|gatto corrisponde a "cane" o "gatto").
- **Gruppi**:
- (abc): Raggruppa caratteri, utile per applicare quantificatori o catturare corrispondenze.
- \1, \2, ecc.: Riferimenti ai gruppi catturati (backreferences).

Esempi di utilizzo:

1. preg_match():
   code PHP
   downloadcontent_copy
   expand_less
   ```
   <?php
   $str = "Visita la W3Schools";

           pattern="/w3schools/i";//'i
   'percase-insensitiveif(pregmatch(pattern = "/w3schools/i"; // 'i' per
   case-insensitive
   if (preg_match(pattern="/w3schools/i";//'i'percase-insensitiveif(pregm
   atch(

   pattern, $str)) {
   echo "Corrispondenza trovata!<br>";
   } else {
   echo "Nessuna corrispondenza.<br>";
   }

   // Validazione email di base
   $email = "test@example.com";

           emailpattern="/[a-zA-Z0-9.-]+@[a-zA-Z0-9.-]+
   [ˉa-zA-Z]2,4email_pattern = "/^[a-zA-Z0-9._-]+@[a-zA-Z0-9.-]+\.[a-zA-Z]
   {2,4}emailpattern="/[a-zA-Z0-9.-]+@[a-zA-Z0-9.-]+[ˉa-zA-Z]2,4

   /";
   if (preg_match($email_pattern,
   ```

```php
email è un'email valida.<br>";
} else {
echo "$email non è un'email valida.<br>";
}
?>
```

code Code
downloadcontent_copy
expand_less

- L'argomento opzionale `$matches` può essere passato per catturare le corrispondenze.

code PHP
downloadcontent_copy
expand_less

```php
<?php
$testo = "Il mio numero è 123-456-7890.";
$pattern = "/(\d{3})-(\d{3})-(\d{4})/";
if (preg_match($pattern, $testo, $matches)) {
    echo "Numero di telefono trovato: " . $matches[0] . "<br>"; // Intera corrispondenza
    echo "Parte 1: " . $matches[1] . "<br>"; // Primo gruppo catturato (es. 123)
    echo "Parte 2: " . $matches[2] . "<br>"; // Secondo gruppo catturato (es. 456)
}
?>
```

1. preg_match_all():

code PHP
downloadcontent_copy
expand_less

```php
<?php
$str = "Si prega di visitare W3Schools e W3C.";

pattern="/w3/i";echopregmatchall(pattern = "/w3/i";
echo preg_match_all(pattern="/w3/i";echopregmatchall(

pattern, $str) . "<br>"; // Output: 2 (trova due "w3")

$numbers_str = "Ho 3 mele e 5 banane e 10 arance.";
preg_match_all("/\d+/", $numbers_str,

matches);printr(matches);
print_r(matches);printr(

matches[0]); // Array ( [0] => 3 [1] => 5 [2] => 10 )
?>
```

code Code
downloadcontent_copy
expand_less

3. `preg_replace()`:
code PHP
downloadcontent_copy
expand_less

```php
    <?php
$str = "Visita la W3Schools";
$pattern = "/w3schools/i";
echo preg_replace($pattern, "Microsoft", $str) . "<br>"; // Output: Visita
la Microsoft

$testo = "I colori sono rosso, verde, blu.";
$nuovoTesto = preg_replace("/(rosso|verde|blu)/", "ARCOBALENO", $testo);
echo $nuovoTesto . "<br>"; // Output: I colori sono ARCOBALENO, ARCOBALENO,
ARCOBALENO.

// Sostituzione con backreferences
$data = "2023-10-26";
$nuovaData = preg_replace("/(\d{4})-(\d{2})-(\d{2})/", "$3/$2/$1", $data);
echo $nuovaData . "<br>"; // Output: 26/10/2023
?>
```

1. preg_split():
   code PHP
   downloadcontent_copy
   expand_less

```php
<?php
$str = "hello world. it's a beautiful day.";
$pattern = "/[\.\s]/"; // Dividi per punto o spazio bianco
$parts = preg_split($pattern, $str, -1, PREG_SPLIT_NO_EMPTY);
print_r($parts);
/* Output:
Array
(
[0] => hello
[1] => world
[2] => it's
[3] => a
[4] => beautiful
[5] => day
)
*/
?>
```

code Code
downloadcontent_copy
expand_less

```
    Modificatori (Flags):
Si aggiungono dopo il delimitatore di chiusura dell'espressione regolare.
    •    `i`: Case-insensitive (ignora maiuscole/minuscole).
    •    `g`: Global (non usato in `preg_match` in PHP, `preg_match_all` lo fa di
default).
```

- `m`: Multiline (tratta stringhe come più righe, cambiando il comportamento di `^` e `$`).
- `s`: Single line (tratta la stringa come una singola riga, facendo in modo che `.` corrisponda anche ai caratteri newline).
- `u`: Unicode (gestisce pattern e stringhe come UTF-8).

Le espressioni regolari hanno una curva di apprendimento ripida, ma una volta padroneggiate, sono uno strumento incredibilmente potente per la manipolazione di testo. Ci sono molti siti web e strumenti online (`regex101.com`, `regexr.com`) che aiutano a testare e capire le espressioni regolari.

Capitolo 6: Gestione dei Form PHP
La gestione dei form è una delle funzionalità più comuni e importanti nello sviluppo web. PHP eccelle nel processare i dati inviati dai form HTML, permettendovi di raccogliere input dagli utenti, elaborarli e interagire con i database.

PHP Gestione dei Form (Form Handling)
Quando un utente invia un form HTML, i dati vengono inviati al server. PHP può accedere a questi dati tramite le variabili superglobali `$_GET` o `$_POST`, a seconda del metodo specificato nell'attributo `method` del tag `<form>`.

Passaggi Fondamentali per la Gestione di un Form:
1. **Creare il Form HTML:** Definisci i campi di input (`<input>`, `<textarea>`, `<select>`) e un pulsante di invio (`<button type="submit">` o `<input type="submit">`).
- L'attributo `action` specifica lo script PHP che elaborerà il form.
- L'attributo `method` specifica come i dati verranno inviati (GET o POST).
- Ogni campo di input deve avere un attributo `name` univoco, che PHP userà come chiave per accedere al suo valore.

Esempio di Form HTML (`index.php`):
```html
<!DOCTYPE HTML>
<html>
<head>
<style>.error {color: #FF0000;}</style>
</head>
<body>

<h2>Esempio di Gestione Form</h2>

<form method="post" action="processa_form.php">
  Nome: <input type="text" name="nome"><br><br>
  E-mail: <input type="text" name="email"><br><br>
  Sito Web: <input type="text" name="website"><br><br>
  Commento: <textarea name="commento" rows="5" cols="40"></textarea><br><br>
  Genere:
  <input type="radio" name="genere" value="femmina">Femmina
  <input type="radio" name="genere" value="maschio">Maschio
  <input type="radio" name="genere" value="altro">Altro
  <br><br>
  <input type="submit" name="submit" value="Invia">
</form>

</body>
</html>
```

2. **Processare i Dati con PHP:** Lo script PHP specificato nell'`action` del form recupera i dati inviati.
    *   Utilizza `$_POST['nome_campo']` se `method="post"`.
    *   Utilizza `$_GET['nome_campo']` se `method="get"`.
    *   È buona pratica controllare se il form è stato effettivamente inviato prima di tentare di accedere ai dati. Si può fare questo controllando se il pulsante di submit è stato premuto (`isset($_POST['submit'])`) o controllando il metodo di richiesta (`$_SERVER["REQUEST_METHOD"] == "POST"`).

Esempio di Processamento PHP (`processa_form.php`):
```php
<!DOCTYPE HTML>
<html>
<body>

<?php
$nome = $email = $website = $commento = $genere = "";

if ($_SERVER["REQUEST_METHOD"] == "POST") {
    $nome = $_POST["nome"];
    $email = $_POST["email"];
    $website = $_POST["website"];
    $commento = $_POST["commento"];
    $genere = $_POST["genere"];

    echo "<h2>Input Ricevuto:</h2>";
    echo "Nome: " . $nome . "<br>";
    echo "Email: " . $email . "<br>";
    echo "Sito Web: " . $website . "<br>";
    echo "Commento: " . $commento . "<br>";
    echo "Genere: " . $genere . "<br>";
}
?>

</body>
</html>
```

Form Self-Processing:
Spesso, è più efficiente e pulito avere lo stesso script PHP che contiene il form anche a gestirne l'elaborazione. Questo è chiamato "form self-processing". Si imposta l'`action` del form a `<?php echo $_SERVER['PHP_SELF'];?>`.

Esempio di Form Self-Processing:
```php
<!DOCTYPE HTML>
<html>
<head>
<style>.error {color: #FF0000;}</style>
</head>
<body>

<?php
// Definizione delle variabili e inizializzazione a stringhe vuote
$nome = $email = $website = $commento = $genere = "";

if ($_SERVER["REQUEST_METHOD"] == "POST") {
    $nome = $_POST["nome"];
    $email = $_POST["email"];
    $website = $_POST["website"];
    $commento = $_POST["commento"];
```

```php
$genere = $_POST["genere"];

echo "<h2>Input Ricevuto (nel self-processing):</h2>";
echo "Nome: " . $nome . "<br>";
echo "Email: " . $email . "<br>";
echo "Sito Web: " . $website . "<br>";
echo "Commento: " . $commento . "<br>";
echo "Genere: " . $genere . "<br>";
}
?>

<h2>Esempio di Gestione Form (Self-Processing)</h2>

<form method="post" action="<?php echo htmlspecialchars($_SERVER['PHP_SELF']);?
>">
   Nome: <input type="text" name="nome" value="<?php echo
htmlspecialchars($nome); ?>"><br><br>
   E-mail: <input type="text" name="email" value="<?php echo
htmlspecialchars($email); ?>"><br><br>
   Sito Web: <input type="text" name="website" value="<?php echo
htmlspecialchars($website); ?>"><br><br>
   Commento: <textarea name="commento" rows="5" cols="40"><?php echo
htmlspecialchars($commento); ?></textarea><br><br>
   Genere:
   <input type="radio" name="genere" <?php if (isset($genere) &&
$genere=="femmina") echo "checked";?> value="femmina">Femmina
   <input type="radio" name="genere" <?php if (isset($genere) &&
$genere=="maschio") echo "checked";?> value="maschio">Maschio
   <input type="radio" name="genere" <?php if (isset($genere) &&
$genere=="altro") echo "checked";?> value="altro">Altro
   <br><br>
   <input type="submit" name="submit" value="Invia">
</form>

</body>
</html>
```

htmlspecialchars() per la sicurezza:
Notate l'uso di htmlspecialchars($_SERVER['PHP_SELF']) e su tutti gli output delle variabili nel campo value degli input. Questo è fondamentale per prevenire attacchi Cross-Site Scripting (XSS). htmlspecialchars() converte i caratteri speciali HTML in entità HTML, impedendo al browser di interpretare codice dannoso inserito dall'utente.

PHP Validazione dei Form
La validazione dei form è il processo di assicurarsi che l'input dell'utente sia corretto, completo e conforme alle aspettative prima di essere elaborato o salvato. È cruciale per la sicurezza e l'integrità dei dati.
La validazione può avvenire:
• **Lato client:** Con JavaScript, per fornire un feedback immediato all'utente. Tuttavia, non è sufficiente da sola, in quanto può essere facilmente aggirata.
• **Lato server:** Con PHP, è **obbligatoria** e fornisce la massima sicurezza.

Passaggi Chiave per la Validazione Lato Server:

1. **Rimuovere Caratteri Indesiderati:** Rimuovere spazi bianchi extra all'inizio e alla fine, backslash, ecc.
   • trim(): Rimuove spazi bianchi (o altri caratteri) dall'inizio e dalla fine di una stringa.
   • stripslashes(): Rimuove i backslash da una stringa.

2. **Sanificare l'Input:** Convertire caratteri speciali in entità HTML per prevenire XSS.
   • htmlspecialchars(): Come già menzionato, è essenziale per l'output.
   • filter_var(): Una funzione molto potente per sanificare e validare input, usando filtri predefiniti.

Esempio di validazione di base nel form self-processing:
Aggiungeremo variabili per i messaggi di errore e le visualizzeremo accanto ai campi pertinenti.

code PHP
downloadcontent_copy
expand_less

```php
   <!DOCTYPE HTML>
<html>
<head>
<style>
.error {color: #FF0000;}
</style>
</head>
<body>

<?php
// Definizione delle variabili e inizializzazione a stringhe vuote
$nomeErr = $emailErr = $websiteErr = $genereErr = "";
$nome = $email = $website = $commento = $genere = "";

if ($_SERVER["REQUEST_METHOD"] == "POST") {
    // Validazione del nome
    if (empty($_POST["nome"])) {
        $nomeErr = "Il nome è obbligatorio";
    } else {
        $nome = test_input($_POST["nome"]);
        // Controlla se il nome contiene solo lettere e spazi
        if (!preg_match("/^[a-zA-Z-' ]*$/", $nome)) {
            $nomeErr = "Sono permesse solo lettere e spazi bianchi";
        }
    }

    // Validazione dell'email
    if (empty($_POST["email"])) {
        $emailErr = "L'email è obbligatoria";
    } else {
        $email = test_input($_POST["email"]);
        // Controlla se l'indirizzo email è ben formato
        if (!filter_var($email, FILTER_VALIDATE_EMAIL)) {
            $emailErr = "Formato email non valido";
        }
    }

    // Validazione del sito web (opzionale)
    if (empty($_POST["website"])) {
        $website = "";
    } else {
```

```php
        $website = test_input($_POST["website"]);
        // Controlla se la sintassi dell'URL è valida (e aggiungi http/https se
manca)
        if (!preg_match("/\b(?:(?:https?|ftp):\/\/|www\.)[-a-z0-9+&@#\/%?
=~_|!:,.;]*[-a-z0-9+&@#\/%=~_|]/i", $website)) {
            $websiteErr = "Formato URL non valido";
        }
    }

    // Validazione del commento (opzionale)
    if (empty($_POST["commento"])) {
        $commento = "";
    } else {
        $commento = test_input($_POST["commento"]);
    }

    // Validazione del genere
    if (empty($_POST["genere"])) {
        $genereErr = "Il genere è obbligatorio";
    } else {
        $genere = test_input($_POST["genere"]);
    }
}

// Funzione helper per sanificare e pulire l'input
function test_input($data) {
    $data = trim($data);
    $data = stripslashes($data);
    $data = htmlspecialchars($data);
    return $data;
}
?>

<h2>Esempio di Validazione Form</h2>
<p><span class="error">* campo obbligatorio</span></p>

<form method="post" action="<?php echo htmlspecialchars($_SERVER['PHP_SELF']);?
>">
  Nome: <input type="text" name="nome" value="<?php echo
htmlspecialchars($nome);?>">
    <span class="error">* <?php echo $nomeErr;?></span>
    <br><br>
  E-mail: <input type="text" name="email" value="<?php echo
htmlspecialchars($email);?>">
    <span class="error">* <?php echo $emailErr;?></span>
    <br><br>
    Sito Web: <input type="text" name="website" value="<?php echo
htmlspecialchars($website);?>">
    <span class="error"><?php echo $websiteErr;?></span>
    <br><br>
    Commento: <textarea name="commento" rows="5" cols="40"><?php echo
htmlspecialchars($commento);?></textarea>
    <br><br>
    Genere:
    <input type="radio" name="genere" <?php if (isset($genere) &&
$genere=="femmina") echo "checked";?> value="femmina">Femmina
    <input type="radio" name="genere" <?php if (isset($genere) &&
$genere=="maschio") echo "checked";?> value="maschio">Maschio
    <input type="radio" name="genere" <?php if (isset($genere) &&
$genere=="altro") echo "checked";?> value="altro">Altro
    <span class="error">* <?php echo $genereErr;?></span>
```

```
  <br><br>
  <input type="submit" name="submit" value="Invia">
</form>

<?php
if ($_SERVER["REQUEST_METHOD"] == "POST" && empty($nomeErr) && empty($emailErr)
&& empty($websiteErr) && empty($genereErr)) {
    echo "<h2>Il tuo Input:</h2>";
    echo "Nome: " . $nome . "<br>";
    echo "Email: " . $email . "<br>";
    echo "Sito Web: " . $website . "<br>";
    echo "Commento: " . $commento . "<br>";
    echo "Genere: " . $genere . "<br>";
    // Qui potresti salvare i dati nel database o inviare un'email, ecc.
}
?>

</body>
</html>
```

PHP Campi Obbligatori nei Form

Per marcare un campo come obbligatorio, è necessario:

1. **Controllare se è vuoto:** Usare empty($_POST['nome_campo']) per verificare se il campo è stato lasciato vuoto.

2. **Visualizzare un messaggio di errore:** Se il campo è vuoto, impostare una variabile di errore e mostrarla accanto al campo.

   Nell'esempio precedente, questo è stato implementato per nome, email e genere.

code PHP

downloadcontent_copy

expand_less

```
    if (empty($_POST["nome"])) {
    $nomeErr = "Il nome è obbligatorio";
} else {
    $nome = test_input($_POST["nome"]);
    // ... ulteriori controlli di validazione ...
}
```

PHP Validazione URL/E-mail nei Form

PHP offre funzioni e tecniche robuste per la validazione di URL ed e-mail.

1. **Validazione Email:**
   • **filter_var() con FILTER_VALIDATE_EMAIL:** È il metodo più semplice e consigliato.
   php if (!filter_var($email, FILTER_VALIDATE_EMAIL)) { $emailErr = "Formato email non valido"; }
   • **Espressioni Regolari:** Sebbene possibile, creare una regex che copra tutti i casi validi di email è estremamente complesso e prone ad errori. È meglio affidarsi a filter_var().

2. **Validazione URL:**
   • **filter_var() con FILTER_VALIDATE_URL:** Controlla se la stringa è un URL valido.

php if (!filter_var($website, FILTER_VALIDATE_URL)) { $websiteErr = "Formato URL non valido"; }
• **Espressioni Regolari:** Possono essere usate per pattern più specifici o per aggiungere protocolli (http://, https://) se mancanti. L'esempio precedente usa una regex per un controllo di base.

PHP Form Completato
Combinando tutti i concetti appresi finora (form HTML, gestione lato server, sanificazione, validazione, campi obbligatori, validazione specifica), si ottiene un form robusto e sicuro.

Punti chiave di un form completato e sicuro:
• **Sanificazione dell'output:** Sempre usare htmlspecialchars() quando si stampano dati utente per prevenire XSS.
• **Validazione lato server:** Mai fidarsi dell'input utente. Eseguire sempre controlli di validazione sul server.
• **Feedback all'utente:** Mostrare messaggi di errore chiari e ripopolare i campi del form con i dati inseriti (sanificati) in caso di errori, in modo che l'utente non debba riscrivere tutto.
• **Gestione di tutti i tipi di input:** Assicurarsi che ogni tipo di campo (text, radio, checkbox, select, textarea) sia correttamente gestito e validato.

L'esempio completo di validazione fornito sopra include già la maggior parte di questi principi, fornendo una base solida per la gestione sicura ed efficace dei form.

Parte 2: PHP Avanzato e Concetti di Programmazione
Benvenuti nella seconda parte del libro, dove approfondiremo le capacità di PHP, esplorando funzionalità avanzate e concetti di programmazione che vi permetteranno di costruire applicazioni web più complesse, efficienti e manutenibili.
Questa sezione vi guiderà attraverso la gestione di date e ore, l'organizzazione del codice tramite l'inclusione di file, le tecniche di callback, l'interazione con i dati JSON, la manipolazione dei file del sistema, la gestione di cookie e sessioni per il tracciamento degli utenti, e l'importantissimo concetto della Programmazione Orientata agli Oggetti (OOP). Concluderemo esplorando l'interazione di PHP con i dati XML.
Questi argomenti sono cruciali per elevare le vostre competenze da semplici script a sviluppatori PHP di livello superiore, capaci di creare soluzioni robuste e scalabili.

Capitolo 7: Funzioni Avanzate e Inclusione di File
PHP Data e Ora
Gestire date e ore è un requisito comune in quasi tutte le applicazioni web, dalla visualizzazione della data di pubblicazione di un articolo al calcolo dell'età di un utente, alla pianificazione di eventi. PHP fornisce un ricco set di funzioni per manipolare date e ore.

Configurazione del Fuso Orario:
Prima di lavorare con date e ore, è essenziale impostare il fuso orario predefinito del vostro script PHP. Se non lo fate, PHP potrebbe emettere un avviso e utilizzare un fuso orario predefinito (spesso UTC).
Si può impostare il fuso orario usando la funzione date_default_timezone_set().

code PHP
downloadcontent_copy
expand_less

```php
<?php
date_default_timezone_set("Europe/Rome"); // Esempio: fuso orario di Roma
// date_default_timezone_set("America/New_York");
// date_default_timezone_set("Asia/Tokyo");
?>
```

code Code
downloadcontent_copy

expand_less

```
    Un elenco completo dei fusi orari supportati si trova nella documentazione
ufficiale di PHP.

Formattazione delle Date:
La funzione più importante per formattare una data e ora è `date()`. Richiede
almeno un argomento: la stringa di formato. L'argomento opzionale successivo è
un timestamp Unix (il numero di secondi dal 1 gennaio 1970 00:00:00 UTC); se
omesso, viene utilizzato il timestamp corrente.
```

Capitolo 7: Funzioni Avanzate e Inclusione di File

PHP Data e Ora (Continuazione)

Stringa di Formato per date():
La stringa di formato contiene caratteri speciali che vengono sostituiti con i valori corrispondenti della data e ora.

Ecco alcuni dei caratteri di formato più comuni:

- d - Giorno del mese (01 a 31)
- D - Nome del giorno della settimana (breve, es. Mon, Tue)
- j - Giorno del mese (senza zeri iniziali, 1 a 31)
- l (L minuscola) - Nome completo del giorno della settimana (es. Monday)
- N - Giorno della settimana (1 per Lunedì a 7 per Domenica)
- w - Giorno della settimana (0 per Domenica a 6 per Sabato)
- F - Nome completo del mese (es. January)
- m - Mese (01 a 12)
- M - Nome breve del mese (es. Jan)
- n - Mese (senza zeri iniziali, 1 a 12)
- Y - Anno (quattro cifre, es. 2023)

- y - Anno (due cifre, es. 23)
- a - Ante/Post meridiem in minuscolo (am o pm)
- A - Ante/Post meridiem in maiuscolo (AM o PM)
- g - Ora in formato 12 ore (senza zeri iniziali, 1 a 12)
- G - Ora in formato 24 ore (senza zeri iniziali, 0 a 23)
- h - Ora in formato 12 ore (con zeri iniziali, 01 a 12)
- H - Ora in formato 24 ore (con zeri iniziali, 00 a 23)
- i - Minuti (00 a 59)
- s - Secondi (00 a 59)
- u - Microsecondi (fino a 6 cifre)
- e - Fuso orario (es. Europe/Rome)
- T - Abbreviazione del fuso orario (es. CET)
- Z - Offset del fuso orario in secondi (-43200 a 50400)
- O - Differenza con l'ora di Greenwich (GMT) senza due punti (es. +0200)
- P - Differenza con l'ora di Greenwich (GMT) con due punti (es. +02:00)
- c - Data e ora ISO 8601 (es. 2023-10-26T14:30:00+02:00)
- r - Data e ora formattata per RFC 2822 (es. Thu, 26 Oct 2023 14:30:00 +0200)
- U - Timestamp Unix (secondi dal 1 gennaio 1970 00:00:00 UTC)

Esempi di date():

code PHP
downloadcontent_copy
expand_less

```php
<?php
date_default_timezone_set("Europe/Rome");

echo "Oggi è " . date("Y/m/d") . "<br>"; // Output: 2023/10/26
echo "Oggi è " . date("Y.m.d") . "<br>"; // Output: 2023.10.26
echo "Oggi è " . date("Y-m-d") . "<br>"; // Output: 2023-10-26
echo "Oggi è " . date("l") . "<br>";   // Output: Thursday (nome completo del
giorno)
echo "L'ora attuale è " . date("h:i:sa") . "<br>"; // Output: 02:30:00pm
(formato 12 ore con am/pm)
echo "L'ora attuale è " . date("H:i:s") . "<br>"; // Output: 14:30:00 (formato
24 ore)
echo "Timestamp Unix attuale: " . date("U") . "<br>"; // Output: 1698294600
(numero intero)

// Usare un timestamp specifico
$timestamp = mktime(10, 30, 0, 8, 15, 2024); // Ora, minuti, secondi, mese,
giorno, anno
```

```php
echo "Una data futura: " . date("Y-m-d H:i:s", $timestamp) . "<br>"; // Output:
2024-08-15 10:30:00
?>
```

Creare Date con mktime() e strtotime():

- **mktime(hour, minute, second, month, day, year)**: Restituisce il timestamp Unix per una data e ora specificata. Gli argomenti possono essere omessi o messi a zero per usare l'ora/data corrente.

  code PHP

  downloadcontent_copy

  expand_less
  ```php
      <?php
  date_default_timezone_set("Europe/Rome");

  $d = mktime(11, 14, 54, 8, 12, 2014);
  echo "Creata con mktime: " . date("Y-m-d h:i:sa", $d) . "<br>"; // Output:
  2014-08-12 11:14:54am
  ?>
  ```

- **strtotime(time)**: Converte una stringa di data e ora leggibile dall'uomo in un timestamp Unix. È incredibilmente versatile e può interpretare molte stringhe diverse.

  code PHP

  downloadcontent_copy

  expand_less
  ```php
      <?php
  date_default_timezone_set("Europe/Rome");

  $d = strtotime("tomorrow");
  echo "Domani: " . date("Y-m-d", $d) . "<br>";

  $d = strtotime("next Saturday");
  echo "Prossimo Sabato: " . date("Y-m-d", $d) . "<br>";

  $d = strtotime("+3 Months");
  echo "Tra 3 mesi: " . date("Y-m-d", $d) . "<br>";

  $d = strtotime("10:30pm April 15 2024");
  echo "Data specifica: " . date("Y-m-d H:i:s", $d) . "<br>";
  ?>
  ```

  strtotime() è molto potente, ma si consiglia cautela quando si elaborano input utente non validati, poiché potrebbe interpretare stringhe in modo inaspettato.

Oggetto DateTime (Programmazione Orientata agli Oggetti):

A partire da PHP 5.2, l'approccio più moderno e robusto per la gestione di date e ore è l'uso della classe DateTime e delle sue classi correlate (DateTimeImmutable, DateInterval, DateTimeZone). Questo approccio offre maggiore controllo, flessibilità e gestisce meglio i fusi orari e i calcoli complessi.

code PHP
downloadcontent_copy
expand_less

```php
<?php
date_default_timezone_set("Europe/Rome");

// Creare un oggetto DateTime per la data corrente
$dataCorrente = new DateTime();
echo "Data e ora attuali: " . $dataCorrente->format("Y-m-d H:i:s") . "<br>";

// Creare un oggetto DateTime da una stringa specifica
$dataSpecifica = new DateTime("2024-12-25 10:00:00");
echo "Data specifica: " . $dataSpecifica->format("d/m/Y H:i:s") . "<br>";

// Aggiungere/Sottrarre intervalli di tempo
$dataFutura = (new DateTime())->modify('+1 week');
echo "Tra una settimana: " . $dataFutura->format("Y-m-d") . "<br>";

$dataPassata = (new DateTime())->modify('-2 months');
echo "Due mesi fa: " . $dataPassata->format("Y-m-d") . "<br>";

// Calcolare la differenza tra due date
$dataNascita = new DateTime("1990-05-15");
$oggi = new DateTime();
$intervallo = $dataNascita->diff($oggi); // Restituisce un oggetto DateInterval

echo "Hai " . $intervallo->y . " anni, " . $intervallo->m . " mesi e " .
$intervallo->d . " giorni.<br>";

// Impostare il fuso orario per un oggetto DateTime specifico
$fusoOrarioNewYork = new DateTimeZone('America/New_York');
$dataNewYork = new DateTime('now', $fusoOrarioNewYork);
echo "Ora a New York: " . $dataNewYork->format("Y-m-d H:i:s") . "<br>";
?>
```

L'oggetto DateTime è raccomandato per la maggior parte delle operazioni moderne su date e ore in PHP, specialmente quando si tratta di fusi orari, calcoli o manipolazioni complesse.

PHP Include (Inclusione di file)

L'inclusione di file è una funzionalità fondamentale di PHP che permette di inserire il contenuto di un file PHP (o HTML) all'interno di un altro file PHP. Questo promuove la modularità del codice, la riusabilità e facilita la manutenzione, evitando la duplicazione del codice per elementi comuni come header, footer, menu o file di configurazione.

PHP fornisce quattro costrutti per l'inclusione di file:

1. include
2. require
3. include_once
4. require_once

1. include:

Il costrutto include include e valuta il file specificato. Se il file non può essere trovato, viene generato un **warning**, ma lo script continua la sua esecuzione.

Sintassi:

include 'nomefile.php';

o

include 'percorso/nomefile.php';

Esempio:

Supponiamo di avere tre file: header.php, footer.php e index.php.

header.php:

code PHP

downloadcontent_copy

expand_less

```
    <!DOCTYPE html>
<html>
<head>
    <title>Il mio Sito</title>
    <link rel="stylesheet" href="style.css">
</head>
<body>
    <div id="header">
        <h1>Benvenuti!</h1>
        <nav>
            <a href="/">Home</a> |
            <a href="/about.php">Chi siamo</a> |
            <a href="/contact.php">Contatti</a>
        </nav>
    </div>
    <div id="content">
```

footer.php:

code PHP

downloadcontent_copy

expand_less

```
    </div>
    <div id="footer">
        <p>&copy; <?php echo date("Y"); ?> Il mio Sito. Tutti i diritti
riservati.</p>
    </div>
</body>
</html>
```

index.php:

code PHP

downloadcontent_copy

expand_less

```
    <?php include 'header.php'; ?>
```

```
<h2>Questa è la pagina principale</h2>
<p>Qui c'è il contenuto specifico della home page.</p>
<?php
$messaggio = "Questo messaggio proviene da index.php";
echo "<p>" . $messaggio . "</p>";
?>
```

```
<?php include 'footer.php'; ?>
```

Quando index.php viene eseguito, il contenuto di header.php e footer.php viene inserito e interpretato.

2. require:

Il costrutto require è identico a include, tranne per la gestione degli errori. Se il file non può essere trovato o si verifica un errore durante l'inclusione, viene generato un **fatal error** e l'esecuzione dello script viene interrotta immediatamente.

require è solitamente usato quando il file incluso è essenziale per il funzionamento dello script (es. file di configurazione del database).

Sintassi:
require 'nomefile.php';

Esempio:
Se config.php contiene le credenziali del database e il vostro script non può funzionare senza, usereste require.

config.php:

code PHP
downloadcontent_copy
expand_less
```
    <?php
define("DB_HOST", "localhost");
define("DB_USER", "root");
define("DB_PASS", "mypassword");
define("DB_NAME", "mydatabase");
?>
```

database.php:

code PHP
downloadcontent_copy
expand_less
```
    <?php
require 'config.php'; // Se config.php non esiste, lo script si ferma qui

$conn = new mysqli(DB_HOST, DB_USER, DB_PASS, DB_NAME);

if ($conn->connect_error) {
    die("Connessione al database fallita: " . $conn->connect_error);
}
echo "Connessione al database stabilita con successo!<br>";
```

```
?>
```

Quando usare include vs require?

- **require**: Per file cruciali (es. librerie di funzioni, file di configurazione, classi) senza i quali lo script non può continuare a funzionare correttamente.

- **include**: Per file che non sono strettamente essenziali (es. layout secondari, annunci), dove un errore nel file incluso non dovrebbe bloccare l'intera pagina.

3. include_once e require_once:

Questi costrutti sono simili a include e require, ma garantiscono che il file venga incluso e valutato **solo una volta** durante l'esecuzione dello script. Se il file è già stato incluso in precedenza, non verrà incluso di nuovo.

Questo è estremamente utile per prevenire problemi come la ridefinizione di funzioni, classi o costanti, che altrimenti causerebbero errori fatali.

Sintassi:
include_once 'nomefile.php';
require_once 'nomefile.php';

Esempio:
functions.php:

code PHP
downloadcontent_copy
expand_less
```php
    <?php
function salutaUtente($nome) {
    return "Ciao, " . $nome . "!";
}
?>
```

page1.php:

code PHP
downloadcontent_copy
expand_less
```php
    <?php
require_once 'functions.php'; // Include il file per la prima volta
echo salutaUtente("Alice") . "<br>";
?>
```

page2.php:

code PHP
downloadcontent_copy
expand_less
```php
    <?php
```

```
require_once 'functions.php'; // Tenta di includerlo di nuovo, ma non lo farà se
già incluso
echo salutaUtente("Bob") . "<br>";
?>
```

In questo scenario, functions.php verrà caricato una sola volta, evitando un errore di "function already defined".

Importanza dell'inclusione di file:

- **Modularità:** Dividere il codice in file più piccoli e gestibili.

- **Riusabilità:** Utilizzare lo stesso codice (es. header, footer) su più pagine.

- **Manutenibilità:** Modificare un blocco di codice (es. navigazione) in un unico posto e vederlo aggiornato ovunque sia incluso.

- **Organizzazione:** Migliorare la struttura del progetto, separando la logica dalla presentazione o la configurazione dal codice principale.

Utilizzare correttamente i costrutti di inclusione è una pratica fondamentale per scrivere codice PHP pulito, efficiente e facilmente manutenibile.

PHP Funzioni di Callback

Una funzione di callback (o "callback") è una funzione che viene passata come argomento a un'altra funzione. La funzione ricevente può quindi "richiamare" (eseguire) la funzione di callback in un momento successivo, tipicamente quando si verifica un certo evento o quando un'operazione è completata.

Questo concetto è fondamentale nella programmazione asincrona, nella gestione degli eventi e quando si desidera personalizzare il comportamento di una funzione senza modificarne il codice interno.

In PHP, le callback possono essere rappresentate in diversi modi:

1. **Stringa con il nome della funzione:** Per le funzioni definite globalmente.

2. **Array:** Per i metodi di classi.

   - [oggetto, 'nomeMetodo'] per metodi non statici.

   - ['NomeClasse', 'nomeMetodo'] o ['NomeClasse', '::nomeMetodo'] per metodi statici.

3. **Funzioni Anonime (Chiusure/Closures):** Funzioni senza nome definite al volo.

4. **Funzioni freccia (Arrow Functions - PHP 7.4+):** Una sintassi più concisa per le funzioni anonime.

1. Callback con Nome di Funzione (Stringa):

code PHP
downloadcontent_copy
expand_less

```
<?php
```

```php
function my_callback_function($arg) {
    echo "Callback eseguita con argomento: " . $arg . "<br>";
}

function processaDati($data, $callback) {
    echo "Elaborazione dati: " . $data . "<br>";
    // Richiama la funzione di callback
    call_user_func($callback, $data);
}

// Passare il nome della funzione come stringa
processaDati("Informazioni importanti", "my_callback_function");
// Output:
// Elaborazione dati: Informazioni importanti
// Callback eseguita con argomento: Informazioni importanti
?>
```

2. Callback con Metodi di Classe (Array):

code PHP

downloadcontent_copy

expand_less

```php
<?php
class Calcolatrice {
    public function somma($a, $b) {
        return $a + $b;
    }

    public static function sottrai($a, $b) {
        return $a - $b;
    }
}

function eseguiOperazione($num1, $num2, $operazioneCallback) {
    echo "Risultato: " . call_user_func($operazioneCallback, $num1, $num2) .
"<br>";
}

$calc = new Calcolatrice();

// Callback a un metodo non statico di un oggetto
eseguiOperazione(10, 5, [$calc, 'somma']); // Output: Risultato: 15

// Callback a un metodo statico di una classe
eseguiOperazione(10, 5, ['Calcolatrice', 'sottrai']); // Output: Risultato: 5
// Oppure:
eseguiOperazione(10, 5, 'Calcolatrice::sottrai'); // Output: Risultato: 5
?>
```

3. Funzioni Anonime (Closures) come Callback:

Le funzioni anonime sono estremamente flessibili e vengono spesso usate per callback perché possono essere definite esattamente dove servono, senza inquinare lo scope globale con nomi di funzioni usa e getta. Possono anche "ereditare" variabili dallo scope padre usando la parola chiave use.

code PHP

downloadcontent_copy

expand_less

```php
    <?php
function filtraArray($array, $callback) {
    $risultato = [];
    foreach ($array as $elemento) {
        if ($callback($elemento)) { // Esegue la callback su ogni elemento
            $risultato[] = $elemento;
        }
    }
    return $risultato;
}

$numeri = [1, 2, 3, 4, 5, 6, 7, 8, 9, 10];

// Filtra solo i numeri pari
$numeriPari = filtraArray($numeri, function($numero) {
    return $numero % 2 == 0;
});
echo "Numeri pari: " . implode(", ", $numeriPari) . "<br>"; // Output: 2, 4, 6,
8, 10

// Filtra i numeri maggiori di una soglia definita esternamente
$soglia = 5;
$numeriMaggioriDellaSoglia = filtraArray($numeri, function($numero) use
($soglia) {
    return $numero > $soglia;
});
echo "Numeri maggiori di " . $soglia . ": " . implode(", ",
$numeriMaggioriDellaSoglia) . "<br>"; // Output: 6, 7, 8, 9, 10
?>
```

Funzioni PHP che accettano callback:

Molte funzioni PHP built-in accettano callback per personalizzare il loro comportamento:

- array_map(): Applica una callback a tutti gli elementi di uno o più array.

- array_filter(): Filtra gli elementi di un array usando una callback.

- usort(), uksort(): Ordina un array con una callback per il confronto.

- preg_replace_callback(): Esegue una callback per ogni corrispondenza di un'espressione regolare.

4. Funzioni Freccia (Arrow Functions - PHP 7.4+):

Le funzioni freccia offrono una sintassi più compatta per le funzioni anonime con una singola espressione. Catturano automaticamente le variabili dallo scope padre per valore (come se fosse un use implicito).

code PHP

downloadcontent_copy

expand_less

```php
    <?php
$fattore = 2;
$numeri = [1, 2, 3, 4, 5];
```

```php
// Usando una funzione freccia con array_map
$numeriRaddoppiati = array_map(fn($n) => $n * $fattore, $numeri);
echo "Numeri raddoppiati: " . implode(", ", $numeriRaddoppiati) . "<br>"; //
Output: 2, 4, 6, 8, 10

// Filtra numeri dispari
$numeriDispari = array_filter($numeri, fn($n) => $n % 2 != 0);
echo "Numeri dispari: " . implode(", ", $numeriDispari) . "<br>"; // Output: 1,
3, 5
?>
```

Le funzioni di callback sono un pilastro della programmazione funzionale e event-driven, consentendo un codice più flessibile e riutilizzabile.

PHP JSON (Lavorare con i dati JSON)

JSON (JavaScript Object Notation) è un formato leggero per lo scambio di dati. È facile da leggere e scrivere per gli esseri umani e facile da analizzare e generare per le macchine. È diventato lo standard de facto per l'interazione tra applicazioni web (frontend) e server (backend), specialmente con le API REST.

PHP ha un supporto nativo per JSON, rendendo facile codificare e decodificare i dati JSON.

1. json_encode(): Convertire dati PHP in JSON

Questa funzione prende un valore PHP (come un array o un oggetto) e lo converte nella sua rappresentazione JSON.

Sintassi:

string json_encode(mixed $value, int $options = 0, int $depth = 512)

- $value: Il valore PHP da codificare. Deve essere un array o un oggetto per essere mappato a un oggetto JSON o a un array JSON.

- $options: Maschera di bit per opzioni JSON_*. (Es: JSON_PRETTY_PRINT per un output leggibile).

- $depth: Profondità massima di ricorsione.

Esempio: Array PHP a JSON

code PHP
downloadcontent_copy
expand_less

```php
    <?php
$eta = array("Peter" => 35, "Ben" => 37, "Joe" => 43);
echo json_encode($eta);
// Output: {"Peter":35,"Ben":37,"Joe":43}
echo "<br>";

$auto = ["Volvo", "BMW", "Toyota"];
echo json_encode($auto);
// Output: ["Volvo","BMW","Toyota"]
echo "<br>";

$studenti = [
```

```php
    ["nome" => "Anna", "eta" => 20, "corso" => "Informatica"],
    ["nome" => "Marco", "eta" => 22, "corso" => "Matematica"]
];
echo json_encode($studenti, JSON_PRETTY_PRINT); // Output formattato
/* Output:
[
    {
        "nome": "Anna",
        "eta": 20,
        "corso": "Informatica"
    },
    {
        "nome": "Marco",
        "eta": 22,
        "corso": "Matematica"
    }
]
*/
?>
```

Nota importante: Se un array PHP indicizzato numericamente non ha buchi negli indici (ovvero gli indici sono 0, 1, 2...), json_encode() lo convertirà in un array JSON [...]. Se invece ha chiavi non numeriche o indici con buchi, lo convertirà in un oggetto JSON {...}.
Questo è il motivo per cui $eta (array associativo) diventa un oggetto JSON e $auto (array indicizzato sequenziale) diventa un array JSON.

2. json_decode(): Convertire JSON in dati PHP
Questa funzione prende una stringa JSON e la converte in un valore PHP. Per impostazione predefinita, restituisce un oggetto generico di PHP (stdClass). Se il secondo parametro ($associative) è true, restituirà un array associativo.

Sintassi:
mixed json_decode(string $json, bool $associative = false, int $depth = 512, int $options = 0)

- $json: La stringa JSON da decodificare.

- $associative: Se true, gli oggetti JSON verranno convertiti in array associativi PHP. Se false (default), verranno convertiti in oggetti stdClass.

- $depth: Profondità massima di ricorsione.

- $options: Maschera di bit per opzioni.

Esempio: JSON a oggetto PHP

code PHP
downloadcontent_copy
expand_less

```php
    <?php
$json_obj_string = '{"Peter":35,"Ben":37,"Joe":43}';
$obj = json_decode($json_obj_string);

echo "Nome: " . $obj->Peter . ", Età: " . $obj->Ben . "<br>";
// Output: Nome: 35, Età: 37
```

```php
// Iterare l'oggetto
foreach ($obj as $key => $value) {
    echo $key . " => " . $value . "<br>";
}
?>
```

Esempio: JSON ad array associativo PHP

code PHP

downloadcontent_copy

expand_less

```php
    <?php
$json_array_string = '["Volvo","BMW","Toyota"]';
$arr = json_decode($json_array_string, true); // true per array associativo

echo "Prima auto: " . $arr[0] . "<br>"; // Output: Volvo

// Iterare l'array
foreach ($arr as $item) {
    echo $item . "<br>";
}
echo "<br>";

$json_obj_string = '{"Peter":35,"Ben":37,"Joe":43}';
$arr_assoc = json_decode($json_obj_string, true); // true per array associativo

echo "Età di Peter: " . $arr_assoc['Peter'] . "<br>"; // Output: 35

// Iterare l'array associativo
foreach ($arr_assoc as $key => $value) {
    echo $key . " è di " . $value . " anni.<br>";
}
?>
```

Gestione degli errori JSON:

Le funzioni json_encode() e json_decode() possono fallire in caso di input non valido. È sempre una buona pratica controllare eventuali errori.

json_last_error() restituisce l'ultimo errore JSON che si è verificato.

json_last_error_msg() restituisce una stringa leggibile che descrive l'ultimo errore.

code PHP

downloadcontent_copy

expand_less

```php
    <?php
$invalid_json = '{ "name": "John", "age": 30, "city": "New York", }'; // JSON non valido (virgola finale)
$data = json_decode($invalid_json);

if (json_last_error() !== JSON_ERROR_NONE) {
    echo "Errore nella decodifica JSON: " . json_last_error_msg() . "<br>";
} else {
    echo "Dati decodificati con successo.<br>";
    var_dump($data);
}
?>
```

JSON e API REST:

Quando si interagisce con API REST, quasi sempre si inviano e si ricevono dati in formato JSON. PHP semplifica notevolmente questo processo:

1. **Invio di dati JSON (es. POST request):**

   - Prepara un array/oggetto PHP.

   - Codificalo in JSON con json_encode().

   - Invia la stringa JSON nel corpo della richiesta HTTP.

2. **Ricezione di dati JSON (es. da una API o frontend):**

   - Leggi il corpo della richiesta HTTP (es. file_get_contents("php://input")).

   - Decodifica la stringa JSON in un array/oggetto PHP con json_decode().

Esempio di ricezione dati JSON da una richiesta POST:

code PHP

downloadcontent_copy

expand_less

```php
<?php
// Questo script simulerebbe la ricezione di dati JSON da un frontend
header('Content-Type: application/json'); // Indica che la risposta sarà JSON

$data = json_decode(file_get_contents("php://input"), true); // Decodifica in
array associativo

if (json_last_error() !== JSON_ERROR_NONE) {
    echo json_encode(["status" => "error", "message" => "Errore nella decodifica
JSON: " . json_last_error_msg()]);
    exit();
}

if (isset($data['name']) && isset($data['age'])) {
    // Processa i dati ricevuti
    $nome = htmlspecialchars($data['name']);
    $eta = (int)$data['age'];

    // Esempio di risposta JSON
    echo json_encode(["status" => "success", "message" => "Dati ricevuti per " .
$nome . ", di " . $eta . " anni."]);
} else {
    echo json_encode(["status" => "error", "message" => "Dati 'name' o 'age'
mancanti."]);
}
?>
```

(Per testare lo script sopra, avresti bisogno di un client come Postman o fetch di JavaScript per inviare una richiesta POST con un corpo JSON).

La padronanza delle funzioni JSON in PHP è indispensabile per lo sviluppo web moderno, in particolare per la creazione di API e l'interazione con applicazioni frontend basate su JavaScript.

Capitolo 8: Gestione dei File e Sessioni

PHP Gestione dei File

PHP ha robuste funzionalità per interagire con il filesystem del server. Puoi creare, leggere, scrivere, eliminare e manipolare file e directory. Questo è essenziale per molte applicazioni web, come sistemi di gestione dei contenuti, upload di immagini, esportazione di dati, ecc.

Operazioni di Base sui File:

1. Leggere un File Intero (file_get_contents()):
La funzione più semplice per leggere l'intero contenuto di un file e restituirlo come stringa.

code PHP

downloadcontent_copy

expand_less
```php
    <?php
// Creiamo un file di esempio per questa dimostrazione
file_put_contents("esempio.txt", "Questa è la prima riga.\n");
file_put_contents("esempio.txt", "Questa è la seconda riga.\n", FILE_APPEND); //
Aggiunge al file

$fileContent = file_get_contents("esempio.txt");
echo "Contenuto di esempio.txt:<br>";
echo nl2br(htmlspecialchars($fileContent)); // nl2br per mostrare i salti di
riga in HTML
// Output:
// Questa è la prima riga.
// Questa è la seconda riga.
?>
```

2. Scrivere in un File Intero (file_put_contents()):
Scrive una stringa in un file. Se il file non esiste, viene creato. Se il file esiste, il suo contenuto viene sovrascritto per impostazione predefinita. Puoi usare il flag FILE_APPEND per aggiungere contenuto.

code PHP

downloadcontent_copy

expand_less
```php
    <?php
// Scrivi e sovrascrivi
file_put_contents("log.txt", "Accesso del " . date("Y-m-d H:i:s") . "\n");
echo "Contenuto scritto in log.txt (sovrascritto).<br>";

// Aggiungi (appendi)
file_put_contents("log.txt", "Errore rilevato alle " . date("H:i:s") . "\n",
FILE_APPEND);
echo "Contenuto aggiunto a log.txt.<br>";

echo "<br>Contenuto attuale di log.txt:<br>";
echo nl2br(htmlspecialchars(file_get_contents("log.txt")));
?>
```

3. Verificare l'esistenza di un File (file_exists()):
Controlla se un file o una directory esiste.

code PHP

downloadcontent_copy

expand_less

```php
    <?php
$filename = "non_esiste.txt";
if (file_exists($filename)) {
    echo $filename . " esiste.<br>";
} else {
    echo $filename . " non esiste.<br>";
}

$existingFile = "esempio.txt";
if (file_exists($existingFile)) {
    echo $existingFile . " esiste.<br>";
}
?>
```

4. Eliminare un File (unlink()):
Elimina un file dal filesystem.

code PHP

downloadcontent_copy

expand_less

```php
    <?php
// Creiamo un file temporaneo da eliminare
file_put_contents("temp_delete.txt", "Questo file verrà eliminato.");
echo "Creato temp_delete.txt.<br>";

if (file_exists("temp_delete.txt")) {
    unlink("temp_delete.txt");
    echo "temp_delete.txt eliminato.<br>";
} else {
    echo "temp_delete.txt non trovato per l'eliminazione.<br>";
}
?>
```

5. Rinominare o Spostare un File (rename()):
Rinomina un file o una directory, oppure sposta un file in una nuova posizione.

code PHP

downloadcontent_copy

expand_less

```php
    <?php
file_put_contents("vecchio_nome.txt", "Contenuto del file rinominato.");
echo "Creato vecchio_nome.txt.<br>";

if (rename("vecchio_nome.txt", "nuovo_nome.txt")) {
    echo "File rinominato con successo in nuovo_nome.txt.<br>";
} else {
    echo "Errore nel rinominare il file.<br>";
}
```

```
// Spostare un file (rinominarlo in un percorso diverso)
// Assicurarsi che la directory 'uploads' esista e sia scrivibile
// mkdir("uploads", 0777, true); // Crea la directory se non esiste
// if (rename("nuovo_nome.txt", "uploads/spostato.txt")) {
//      echo "File spostato in uploads/spostato.txt.<
```

code PHP
downloadcontent_copy
expand_less
<?php
$float_false = false;
$int_from_bool_false = (int)$float_false;
echo $int_from_bool_false; // Output: 0
?>

1. A Float:
   ◦ Da intero: aggiunge .0.
   ◦ Da stringa: simile alla conversione a intero, ma mantiene la parte decimale.
   ◦ Da booleano: true diventa 1.0, false diventa 0.0.
   code PHP
   downloadcontent_copy
   expand_less
   <?php
   $int_val = 20;

```
        floatval=(float)float_val = (float)floatval=(float)
```

int_val;
echo

```
        floatval;//Output:20echo"<br>";vardump(float_val; // Output: 20
echo "<br>";
var_dump(floatval;//Output:20echo"<br>";vardump(
```

float_val); // float(20)

$string_float = "12.34";

```
        floatfromstring=(float)float_from_string = (float)floatfroms
tring=(float)
```

string_float;
echo

```
floatfromstring;//Output:12.34echo"<br>";vardump(float_from_string; //
Output: 12.34
echo "<br>";
```

```
var_dump(floatfromstring;//Output:12.34echo"<br>";vardump(
```

float_from_string); // float(12.34)
?>

2. A Stringa:
   ◦ Qualsiasi tipo numerico o booleano può essere convertito in stringa.
   ◦ Gli array e gli oggetti si convertono in stringhe speciali ("Array" e "Object") o generano un errore se non è definito un metodo __toString().
   code PHP
   downloadcontent_copy
   expand_less
   <?php
   $num = 123;

```
        strnum=(string)str_num = (string)strnum=(string)
```

num;
echo

```
        strnum;//Output:123echo"<br>";vardump(str_num; // Output: 123
echo "<br>";
var_dump(strnum;//Output:123echo"<br>";vardump(
```

str_num); // string(3) "123"

$bool_val = true;

```
        strbool=(string)str_bool = (string)strbool=(string)
```

bool_val;
echo

```
        strbool;//Output:1echo"<br>";vardump(str_bool; // Output: 1
echo "<br>";
var_dump(strbool;//Output:1echo"<br>";vardump(
```

str_bool); // string(1) "1"
?>

3. A Booleano:
   ◦ 0 (zero intero), 0.0 (zero float), "" (stringa vuota), "0" (stringa contenente solo zero), un array vuoto, e NULL diventano false.
   ◦ Qualsiasi altro valore diventa true.
   code PHP
   downloadcontent_copy

expand_less
```php
<?php

        zeroint=0;vardump((bool)zero_int = 0;
var_dump((bool)zeroint=0;vardump((bool)


zero_int); // bool(false)

        stringempty="";vardump((bool)string_empty = "";
var_dump((bool)stringempty="";vardump((bool)


string_empty); // bool(false)

        stringzero="0";vardump((bool)string_zero = "0";
var_dump((bool)stringzero="0";vardump((bool)


string_zero); // bool(false)

stringfalse="false";//Attenzione:questastringanone`vuotaenone`"0"vardump((
bool)string_false = "false"; // Attenzione: questa stringa non è vuota e
non è "0"
var_dump((bool)stringfalse="false";//
Attenzione:questastringanone`vuotaenone`"0"vardump((bool)


string_false); // bool(true)

        unoint=1;vardump((bool)uno_int = 1;
var_dump((bool)unoint=1;vardump((bool)


uno_int); // bool(true)

        stringhello="Hello";vardump((bool)string_hello = "Hello";
var_dump((bool)stringhello="Hello";vardump((bool)


string_hello); // bool(true)
?>
```

Quando usare il casting esplicito?

Il casting esplicito è utile quando si vuole essere assolutamente sicuri del tipo di dati con cui si sta lavorando, specialmente quando si ricevono input dall'utente (che sono sempre stringhe) o quando si interagisce con dati da fonti esterne. Aiuta a prevenire errori e a rendere il codice più robusto e leggibile.

PHP Costanti

Le costanti sono identificatori (nomi) per valori semplici. Come suggerisce il nome, una costante non può cambiare il suo valore durante l'esecuzione dello script.

Differenze tra Costanti e Variabili:

• Non hanno il prefisso dollaro ($).

• Possono essere definite solo una volta.

• Hanno scope globale per impostazione predefinita, il che significa che possono essere accessibili da qualsiasi punto dello script senza la necessità della parola chiave global o dell'array GLOBALS.
• Sono sempre case-sensitive per impostazione predefinita (anche se è possibile definirle come case-insensitive).
Sintassi per la definizione delle costanti:
Si usa la funzione define() per creare una costante.
define(nome, valore, [case_insensitive])
• nome: Specifica il nome della costante. Per convenzione, i nomi delle costanti sono scritti in lettere maiuscole.
• valore: Specifica il valore della costante.
• case_insensitive: Un valore booleano opzionale che specifica se il nome della costante deve essere case-insensitive. Il valore predefinito è false (case-sensitive).
Esempi:
code PHP
downloadcontent_copy
expand_less

```php
<?php
define("MESSAGGIO_BENVENUTO", "Benvenuti nel nostro sito!");
echo MESSAGGIO_BENVENUTO; // Output: Benvenuti nel nostro sito!

define("PI", 3.14159);
echo "<br>Il valore di PI è: " . PI; // Output: Il valore di PI è: 3.14159

// Tentativo di ridefinire o modificare una costante (genererà un errore o un warning)
// define("MESSAGGIO_BENVENUTO", "Nuovo messaggio"); // Fatal error: Constant
MESSAGGIO_BENVENUTO already defined
// MESSAGGIO_BENVENUTO = "Altro messaggio"; // Parse error: syntax error, unexpected '='

// Costante case-insensitive (evitare per convenzione, ma è possibile)
define("GREETING", "Hello World!", true);
echo "<br>" . greeting; // Output: Hello World!
echo "<br>" . GREETING; // Output: Hello World!
?>
```

Constants con la parola chiave const:
A partire da PHP 5.3, è possibile definire costanti all'esterno di una classe utilizzando la parola chiave const. La differenza principale è che const definisce costanti al momento della compilazione, mentre define() le definisce a runtime. Questo significa che const non può essere usato all'interno di blocchi condizionali (come if statements o loop), mentre define() sì.
code PHP
downloadcontent_copy
expand_less

```php
<?php
const MAX_SIZE = 1000;
echo "<br>La dimensione massima è: " . MAX_SIZE;
```

```php
// Non è possibile fare questo con const:
// if (true) {
// const TEST_CONST = "Test"; // Errore di sintassi
// }

// Ma è possibile con define:
if (true) {
define("TEST_DEFINE", "Questo funziona con define");
}
echo "<br>" . TEST_DEFINE; // Output: Questo funziona con define
?>
```

Verificare se una costante è definita:
La funzione defined() può essere usata per controllare se una costante esiste.
code PHP
downloadcontent_copy
expand_less

```php
<?php
if (defined("MESSAGGIO_BENVENUTO")) {
echo "<br>MESSAGGIO_BENVENUTO è definita.";
} else {
echo "<br>MESSAGGIO_BENVENUTO non è definita.";
}

if (defined("COSTANTE_INESISTENTE")) {
echo "<br>COSTANTE_INESISTENTE è definita.";
} else {
echo "<br>COSTANTE_INESISTENTE non è definita.";
}
?>
```

Le costanti sono utili per memorizzare valori che non cambieranno mai, come configurazioni del database, chiavi API o valori matematici fissi.

PHP Costanti Magiche
PHP offre una serie di costanti predefinite che cambiano a seconda del contesto in cui vengono utilizzate. Vengono chiamate "costanti magiche" perché i loro valori non sono fissi ma dipendono da dove vengono usate nel codice. Sono tutte case-insensitive.
Ecco le costanti magiche più comuni:
• __LINE__: Restituisce il numero di riga corrente all'interno del file PHP.
code PHP
downloadcontent_copy
expand_less

```php
<?php
echo "Sono alla riga " . __LINE__ . ".<br>";
echo "E ora sono alla riga " . __LINE__ . ".<br>";
?>
```

code Code

downloadcontent_copy

expand_less

- `__FILE__`: Restituisce il percorso completo e il nome del file in cui è presente. Utile per il debugging o per riferimenti basati sul percorso del file corrente.

code PHP

downloadcontent_copy

expand_less

```php
<?php
echo "Questo script si trova in: " . __FILE__ . ".<br>";
?>
```

- `__DIR__`: Restituisce la directory del file in cui si trova (senza il nome del file). È equivalente a `dirname(__FILE__)`. Questa costante è stata introdotta in PHP 5.3.

code PHP

downloadcontent_copy

expand_less

```php
<?php
echo "La directory di questo script è: " . __DIR__ . ".<br>";
?>
```

- `__FUNCTION__`: Restituisce il nome della funzione in cui è presente. Se è al di fuori di una funzione, restituisce una stringa vuota.

code PHP

downloadcontent_copy

expand_less

```php
<?php
function miaFunzione() {
    echo "Sono all'interno della funzione: " . __FUNCTION__ . ".<br>";
}
miaFunzione();
echo "Sono fuori da qualsiasi funzione, quindi __FUNCTION__ è: '" . __FUNCTION__
. "'<br>"; // Stampa una stringa vuota
?>
```

- `__CLASS__`: Restituisce il nome della classe in cui è presente. Se è al di fuori di una classe, restituisce una stringa vuota. È utile all'interno dei metodi di una classe.

code PHP

downloadcontent_copy

expand_less

```php
<?php
class MiaClasse {
    public function getNomeClasse() {
        return __CLASS__;
    }
}
$obj = new MiaClasse();
echo "Il nome della classe è: " . $obj->getNomeClasse() . ".<br>";
?>
```

- `__TRAIT__`: Restituisce il nome del trait in cui è presente. Introdotto in PHP 5.4.

code PHP

downloadcontent_copy

expand_less

```php
<?php
trait MioTrait {
```

```php
    public function getNomeTrait() {
        return __TRAIT__;
    }
}
class ClasseConTrait {
    use MioTrait;
}
$obj = new ClasseConTrait();
echo "Il nome del trait è: " . $obj->getNomeTrait() . ".<br>";
?>
```

• `__METHOD__`: Restituisce il nome del metodo della classe in cui è presente. Include il nome della classe e il nome del metodo (es. `NomeClasse::nomeMetodo`). Se è al di fuori di un metodo, restituisce una stringa vuota.
code PHP
downloadcontent_copy
expand_less

```php
    <?php
class AltraClasse {
    public function getNomeMetodo() {
        return __METHOD__;
    }
}
$obj2 = new AltraClasse();
echo "Il nome del metodo è: " . $obj2->getNomeMetodo() . ".<br>";
?>
```

• `__NAMESPACE__`: Restituisce il nome del namespace corrente. Utile per lavorare con i namespaces in progetti più grandi. Introdotto in PHP 5.3.
code PHP
downloadcontent_copy
expand_less

```php
    <?php
namespace MioNamespace;
class Prodotto {}

echo "Il namespace corrente è: '" . __NAMESPACE__ . "'<br>"; // Output: MioNamespace

function testNamespace() {
    echo "La funzione è nel namespace: '" . __NAMESPACE__ . "'<br>";
}
testNamespace();
?>
```

Le costanti magiche sono strumenti potenti per il debugging, la registrazione (logging) degli errori o semplicemente per ottenere informazioni contestuali sul codice in esecuzione.

Capitolo 3: Operatori e Strutture di Controllo

PHP Operatori (Aritmetici, di Assegnazione, di Confronto, Logici, ecc.)

Gli operatori sono simboli speciali che eseguono operazioni su variabili e valori. PHP supporta una vasta gamma di operatori, che possono essere raggruppati in diverse categorie.

1. Operatori Aritmetici:

Utilizzati per eseguire operazioni matematiche comuni.

• + (Addizione): Somma due operandi.

• - (Sottrazione): Sottrae il secondo operando dal primo.

- * (Moltiplicazione): Moltiplica due operandi.
- / (Divisione): Divide il primo operando per il secondo.
- % (Modulo): Restituisce il resto della divisione intera.
- ** (Esponenziale): Eleva il primo operando alla potenza del secondo (introdotto in PHP 5.6).

code PHP
downloadcontent_copy
expand_less

```php
<?php
$x = 10;
$y = 3;
echo "Addizione: " . ($x + $y) . "<br>"; // 13
echo "Sottrazione: " . ($x - $y) . "<br>"; // 7
echo "Moltiplicazione: " . ($x * $y) . "<br>"; // 30
echo "Divisione: " . ($x / $y) . "<br>"; // 3.333...
echo "Modulo: " . ($x % $y) . "<br>"; // 1 (10 diviso 3 è 3 con resto 1)
echo "Esponenziale: " . ($x ** $y) . "<br>"; // 1000 (10*10*10)
?>
```

code Code
downloadcontent_copy
expand_less
    2. Operatori di Assegnazione:

Utilizzati per assegnare valori a variabili.
- = (Assegnazione): Assegna il valore dell'operando destro all'operando sinistro.
- += (Addizione e Assegnazione): x += y è equivalente a x = x + y.
- -= (Sottrazione e Assegnazione): x -= y è equivalente a x = x - y.
- *= (Moltiplicazione e Assegnazione): x *= y è equivalente a x = x * y.
- /= (Divisione e Assegnazione): x /= y è equivalente a x = x / y.
- %= (Modulo e Assegnazione): x %= y è equivalente a x = x % y.
- **= (Esponenziale e Assegnazione): x **= y è equivalente a x = x ** y.
- . (Concatenazione e Assegnazione): str .= " suffix" è equivalente a str = str . " suffix".

code PHP
downloadcontent_copy
expand_less

```php
<?php
$x = 10;
$x += 5; // $x ora è 15
echo "x dopo +=: " . $x . "<br>";
```

code Code
downloadcontent_copy
expand_less

```php
    $str = "Hello";
$str .= " World"; // $str ora è "Hello World"
```

```
echo "str dopo .=: " . $str . "<br>";
?>
```

3. Operatori di Confronto:

Utilizzati per confrontare due valori e restituiscono un valore booleano (true o false).

• == (Uguale a): Restituisce true se i due operandi sono uguali dopo la conversione di tipo.

• === (Identico a): Restituisce true se i due operandi sono uguali **E** dello stesso tipo di dati (no conversione di tipo).

• != o <> (Diverso da): Restituisce true se i due operandi non sono uguali dopo la conversione di tipo.

• !== (Non identico a): Restituisce true se i due operandi non sono uguali **O** non sono dello stesso tipo di dati.

• < (Minore di): Restituisce true se il primo operando è strettamente minore del secondo.

• > (Maggiore di): Restituisce true se il primo operando è strettamente maggiore del secondo.

• <= (Minore o uguale a): Restituisce true se il primo operando è minore o uguale al secondo.

• >= (Maggiore o uguale a): Restituisce true se il primo operando è maggiore o uguale al secondo.

• <=> (Spaceship Operator - introdotto in PHP 7): Restituisce 0 se i due operandi sono uguali, -1 se il primo è minore del secondo, 1 se il primo è maggiore del secondo. Utile per ordinamenti.

code PHP

downloadcontent_copy

expand_less

```php
<?php
$a = 5;
$b = "5";
$c = 10;
```

code Code

downloadcontent_copy

expand_less

```php
    var_dump($a == $b);    // true (5 è uguale a "5" dopo la conversione)
var_dump($a === $b);   // false (5 è uguale a "5", ma int non è stringa)
var_dump($a != $c);    // true
var_dump($a !== $b);   // true
var_dump($a < $c);     // true
var_dump($a <=> $c);   // -1 (a è minore di c)
var_dump($c <=> $a);   // 1 (c è maggiore di a)
var_dump($a <=> $b);   // 0 (a e b sono considerati uguali per l'ordinamento)
?>
```

4. Operatori Logici:

Combinano espressioni condizionali per creare condizioni più complesse.

• and o && (AND logico): Restituisce true se entrambe le condizioni sono vere.

• or o || (OR logico): Restituisce true se almeno una delle condizioni è vera.

• xor (XOR logico): Restituisce true se una delle condizioni è vera, ma non entrambe.

• ! (NOT logico): Inverte il risultato di una condizione (true diventa false, false diventa true).

code PHP

downloadcontent_copy

expand_less

```php
<?php
$eta = 20;

        haspatente=true;if(has_patente = true;
if (haspatente=true;if(


eta >= 18 && $has_patente) {
echo "Puoi guidare.<br>";
}
```

code Code

downloadcontent_copy

expand_less

```php
    $soldi = 50;
$prezzo_caffe = 3;
$prezzo_torta = 8;
if ($soldi >= $prezzo_caffe || $soldi >= $prezzo_torta) {
    echo "Puoi comprare qualcosa.<br>";
}

$is_admin = false;
if (!$is_admin) {
    echo "Non sei un amministratore.<br>";
}

$cond1 = true;
$cond2 = false;
var_dump($cond1 xor $cond2); // true (una è vera, l'altra falsa)

$cond3 = true;
$cond4 = true;
var_dump($cond3 xor $cond4); // false (entrambe vere)
?>
```

Nota sull'ordine di precedenza: `&&` e `||` hanno una precedenza maggiore rispetto a `and` e `or`. È sempre buona pratica usare le parentesi `()` per chiarire l'ordine di valutazione nelle espressioni complesse.

5. Operatori di Incremento/Decremento:

Utilizzati per incrementare o decrementare il valore di una variabile di uno.

• ++$x (Pre-incremento): Incrementa $x di uno, poi restituisce $x.

• $x++ (Post-incremento): Restituisce $x, poi incrementa $x di uno.

• --$x (Pre-decremento): Decrementa $x di uno, poi restituisce $x.

• $x-- (Post-decremento): Restituisce $x, poi decrementa $x di uno.

code PHP

downloadcontent_copy

expand_less

```php
<?php
```

```
        i=5;echo"Pre-incremento:".++i = 5;
echo "Pre-incremento: " . ++i=5;echo"Pre-incremento:".++
```

i . "<br>"; // i diventa 6, stampa 6
echo "Valore di i: " . $i . "<br>"; // 6

code Code
downloadcontent_copy
expand_less
```
    $j = 5;
echo "Post-incremento: " . $j++ . "<br>"; // stampa 5, poi j diventa 6
echo "Valore di j: " . $j . "<br>"; // 6
?>
```

6. Operatori Stringa:

Utilizzati specificamente per le stringhe.
• . (Concatenazione): Unisce due stringhe.
• . (Concatenazione e Assegnazione): Appende la stringa di destra alla stringa di sinistra.
code PHP
downloadcontent_copy
expand_less
<?php
$str1 = "Hello";
$str2 = " World!";
echo $str1 . $str2 . "<br>"; // Output: Hello World!

code Code
downloadcontent_copy
expand_less
```
    $str1 .= $str2;
echo $str1 . "<br>"; // Output: Hello World!
?>
```

7. Operatori Ternari (Condizionali):

Un operatore a tre operandi che offre un modo conciso per scrivere semplici istruzioni if-else.
Sintassi: condizione ? valore_se_vero : valore_se_falso
code PHP
downloadcontent_copy
expand_less
<?php
$eta = 17;

```
        stato=(stato = (stato=(
```

eta >= 18) ? "Maggiorenne" : "Minorenne";
echo $stato . "<br>"; // Output: Minorenne

code Code
downloadcontent_copy
expand_less

```
    // Operatore Elvis (?:) - introdotto in PHP 5.3
// Restituisce l'espressione di sinistra se è vera e non NULL, altrimenti
l'espressione di destra.
// $nome_utente = $_GET['user'] ?: 'Ospite'; // Se $_GET['user'] è impostato e
non NULL, usa quello, altrimenti 'Ospite'
// echo "Benvenuto, " . $nome_utente . "<br>";

// Operatore Null Coalescing (??) - introdotto in PHP 7
// Restituisce il suo primo operando se esiste e non è NULL, altrimenti
restituisce il suo secondo operando.
$user = $_GET['user'] ?? $_POST['user'] ?? 'nobody';
echo "Utente corrente: " . $user . "<br>";
?>
```

8. Operatori Bitwise (A livello di bit):

Questi operatori agiscono sui singoli bit di numeri interi. Sono meno comuni nello sviluppo web di base ma sono importanti in contesti specifici (es. manipolazione di flag, crittografia a basso livello).
• & (AND)
• | (OR)
• ^ (XOR)
• ~ (NOT)
• << (Shift a sinistra)
• >> (Shift a destra)

code PHP
downloadcontent_copy
expand_less

```php
<?php
$a = 5; // Binario: 0101
$b = 3; // Binario: 0011
```

code Code
downloadcontent_copy
expand_less

```
    echo "AND a & b: " . ($a & $b) . "<br>"; // 0001 = 1
echo "OR a | b: " . ($a | $b) . "<br>"; // 0111 = 7
echo "XOR a ^ b: " . ($a ^ $b) . "<br>"; // 0110 = 6
echo "NOT ~a: " . (~$a) . "<br>"; // Dipende dalla rappresentazione dei numeri
negativi, di solito -6
echo "Shift Left a << 1: " . ($a << 1) . "<br>"; // 1010 = 10 (moltiplica per 2)
echo "Shift Right a >> 1: " . ($a >> 1) . "<br>"; // 0010 = 2 (divide per 2)
?>
```

Comprendere gli operatori e la loro precedenza è fondamentale per scrivere codice PHP corretto ed efficiente.

PHP If...Else...Elseif (Condizioni)

Le strutture condizionali permettono al tuo codice di prendere decisioni e di eseguire blocchi di codice diversi in base alla verità o falsità di una o più condizioni. if, else, e elseif sono i costrutti fondamentali per questo scopo.

1. L'istruzione if:

Esegue un blocco di codice solo se una condizione specificata è vera.

Sintassi:

code PHP

downloadcontent_copy

expand_less

```
if (condizione) {
// Codice da eseguire se la condizione è vera
}
```

Esempio:

code PHP

downloadcontent_copy

expand_less

```php
<?php
$ora = date("H"); // Ottiene l'ora corrente in formato 24 ore (es. 14 per le 14:00)

if ($ora < 12) {
echo "Buongiorno!";
}
?>
```

code Code

downloadcontent_copy

expand_less

```
    2. L'istruzione `if...else`:
```

Esegue un blocco di codice se la condizione è vera e un blocco di codice alternativo se la condizione è falsa.

Sintassi:

code PHP

downloadcontent_copy

expand_less

```
if (condizione) {
// Codice da eseguire se la condizione è vera
} else {
// Codice da eseguire se la condizione è falsa
}
```

Esempio:
code PHP
downloadcontent_copy
expand_less

```php
<?php
$eta = 19;

if ($eta >= 18) {
echo "Sei maggiorenne e puoi votare.";
} else {
echo "Sei minorenne e non puoi votare.";
}
?>
```

code Code
downloadcontent_copy
expand_less

```
    3. L'istruzione `if...elseif...else`:
```

Utilizzata per specificare più blocchi di codice alternativi da eseguire. PHP valuterà le condizioni in ordine; il primo blocco if o elseif la cui condizione risulta vera verrà eseguito, e tutti gli altri verranno ignorati.

Sintassi:
code PHP
downloadcontent_copy
expand_less

```php
if (condizione1) {
// Codice da eseguire se condizione1 è vera
} elseif (condizione2) {
// Codice da eseguire se condizione1 è falsa E condizione2 è vera
} elseif (condizione3) {
// Codice da eseguire se condizione1 e condizione2 sono false E condizione3 è vera
} else {
// Codice da eseguire se nessuna delle condizioni precedenti è vera
}
```

Esempio:
code PHP
downloadcontent_copy
expand_less

```php
<?php
$voto = 85;

if (
        voto>=90)echo"Voto:A(Eccellente)";elseif(voto >= 90) {
echo "Voto: A (Eccellente)";
```

```
} elseif (voto>=90)echo"Voto:A(Eccellente)";elseif(
```

```
voto >= 80) {
echo "Voto: B (Molto buono)";
} elseif (
```

```
        voto>=70)echo"Voto:C(Buono)";elseif(voto >= 70) {
echo "Voto: C (Buono)";
} elseif (voto>=70)echo"Voto:C(Buono)";elseif(
```

```
voto >= 60) {
echo "Voto: D (Sufficiente)";
} else {
echo "Voto: F (Insufficiente)";
}
?>
```

Sintassi Alternativa per le Condizioni:
PHP offre anche una sintassi alternativa per le strutture di controllo, che è spesso preferita quando si mescola PHP con HTML, in quanto può migliorare la leggibilità. Invece delle parentesi graffe, si usa due punti (:) dopo la condizione e una parola chiave endif;, endfor;, endwhile;, endforeach; o endswitch; per chiudere il blocco.
Sintassi alternativa if...else:
code PHP
downloadcontent_copy
expand_less

```
if (condizione):
// Codice da eseguire
else:
// Codice da eseguire
endif;
```

Esempio con sintassi alternativa:

code Html
play_circledownloadcontent_copy
expand_less

```
    <!DOCTYPE html>
<html>
<body>
<?php $username = "ospite"; ?>
<?php if ($username == "admin"): ?>
    <h1>Benvenuto Amministratore!</h1>
    <p>Hai accesso completo al pannello di controllo.</p>
<?php elseif ($username == "ospite"): ?>
    <h2>Ciao Ospite!</h2>
    <p>Registrati per accedere a più funzionalità.</p>
<?php else: ?>
    <h3>Ciao <?php echo $username; ?>!</h3>
    <p>Grazie per aver visitato il nostro sito.</p>
```

```
<?php endif; ?>
</body>
</html>
```

Considerazioni sulla leggibilità e la nidificazione:
• Evitate una nidificazione eccessiva di if statements, poiché rende il codice difficile da leggere e mantenere. Se vi trovate con molte if nidificate, potreste voler considerare l'uso di switch o di rifattorizzare la logica in funzioni separate.
• Usate la sintassi alternativa if (): ... endif; quando state includendo grandi blocchi di HTML all'interno delle vostre condizioni per migliorare la chiarezza.
PHP Switch (Condizioni multiple)
L'istruzione switch viene utilizzata per eseguire diverse azioni in base a diverse condizioni per la stessa variabile. È un'alternativa più pulita e spesso più efficiente rispetto a una lunga catena di if...elseif...else quando si confronta una singola variabile con molti valori possibili.
Sintassi:
code PHP
downloadcontent_copy
expand_less

```
switch (n) {
case value1:
// Codice da eseguire se n è uguale a value1
break;
case value2:
// Codice da eseguire se n è uguale a value2
break;
case value3:
// Codice da eseguire se n è uguale a value3
break;
default:
// Codice da eseguire se n non corrisponde a nessuno dei valori precedenti
break; // Il break qui è opzionale se è l'ultima istruzione
}
```

Spiegazione:
• n: È la variabile (o espressione) che si vuole confrontare.
• case valueX:: Ogni blocco case definisce un valore specifico da confrontare con n. Se n è uguale a valueX, il codice all'interno di questo case viene eseguito.
• break;: La parola chiave break è cruciale. Serve a terminare l'esecuzione dell'istruzione switch e a passare al codice successivo. Se si omette break;, l'esecuzione continuerà al blocco case successivo (fenomeno noto come "fall-through"), anche se la condizione del case successivo è falsa.
• default:: Il blocco default è opzionale. Viene eseguito se n non corrisponde a nessuno dei valori specificati nei case precedenti.
Esempio:
code PHP
downloadcontent_copy

expand_less

```php
<?php
$colorePreferito = "blu";

switch ($colorePreferito) {
case "rosso":
echo "Il tuo colore preferito è il rosso!";
break;
case "blu":
echo "Il tuo colore preferito è il blu!";
break;
case "verde":
echo "Il tuo colore preferito è il verde!";
break;
default:
echo "Non hai scelto un colore preferito tra rosso, blu o verde.";
}
?>
```

Esempio con "fall-through" (evitare se non intenzionale):

code PHP

downloadcontent_copy

expand_less

```php
<?php
$i = 2;
switch ($i) {
case 1:
echo "Il numero è 1<br>";
case 2:
echo "Il numero è 2<br>"; // Questo verrà eseguito
case 3:
echo "Il numero è 3<br>"; // Anche questo verrà eseguito a causa del fall-through
default:
echo "Il numero non è 1, 2 o 3<br>"; // E anche questo
}
// Output:
// Il numero è 2
// Il numero è 3
// Il numero non è 1, 2 o 3
?>
```

Questo mostra l'importanza del break; per controllare il flusso di esecuzione.

Sintassi Alternativa switch:

Anche per lo switch esiste una sintassi alternativa che può migliorare la leggibilità, specialmente quando si mescola PHP con HTML.

code PHP
downloadcontent_copy
expand_less

```
switch (n):
case value1:
// Codice
break;
default:
// Codice
break;
endswitch;
```

Esempio con sintassi alternativa:

code Html
play_circledownloadcontent_copy
expand_less

```
    <!DOCTYPE html>
<html>
<body>
<?php $giornoSettimana = date("N"); // N restituisce il giorno della settimana
(1 per Lunedì, 7 per Domenica) ?>
<?php switch ($giornoSettimana):
    case 6: ?>
        <h2>Oggi è Sabato!</h2>
        <p>Goditi il fine settimana!</p>
    <?php break; ?>
    <?php case 7: ?>
        <h2>Oggi è Domenica!</h2>
        <p>Tempo di riposo!</p>
    <?php break; ?>
    <?php default: ?>
        <h3>Oggi è un giorno feriale.</h3>
        <p>Continua a lavorare, il fine settimana arriverà presto.</p>
    <?php break; ?>
<?php endswitch; ?>
</body>
</html>
```

Quando usare switch e quando if...elseif...else?
• Usa switch quando hai una singola variabile da confrontare con molti valori discreti. È spesso più leggibile e, in alcuni casi, può essere leggermente più performante per un gran numero di confronti.
• Usa if...elseif...else quando le condizioni sono basate su intervalli, espressioni complesse o coinvolgono variabili diverse.
PHP Cicli (For, While, Do...While, Foreach)
I cicli (o loop) vengono utilizzati per eseguire ripetutamente un blocco di codice un certo numero di volte o finché una condizione specifica rimane vera. Sono fondamentali per automatizzare compiti ripetitivi.

PHP Apertura/Lettura File

Per operazioni di lettura e scrittura più granulari o su file di grandi dimensioni, PHP fornisce funzioni a basso livello per aprire, leggere e chiudere i file.

1. fopen(): Apre un file

Questa funzione viene utilizzata per aprire un file in una modalità specifica (lettura, scrittura, aggiunta, ecc.). Restituisce una risorsa file (un "puntatore") in caso di successo, o false in caso di errore.

Sintassi:

resource fopen(string $filename, string $mode, bool $use_include_path = false, resource $context = null)

Modalità di apertura ($mode):

- "r": Sola lettura. Il puntatore all'inizio del file.

- "r+": Lettura e scrittura. Il puntatore all'inizio del file.

- "w": Sola scrittura. Il puntatore all'inizio del file. Tronca il file a lunghezza zero o lo crea se non esiste.

- "w+": Lettura e scrittura. Il puntatore all'inizio del file. Tronca il file a lunghezza zero o lo crea se non esiste.

- "a": Sola scrittura. Il puntatore alla fine del file. Crea il file se non esiste.

- "a+": Lettura e scrittura. Il puntatore alla fine del file. Crea il file se non esiste.

- "x": Sola scrittura. Crea il file e restituisce un errore se il file esiste già.

- "x+": Lettura e scrittura. Crea il file e restituisce un errore se il file esiste già.

- "c": Sola scrittura. Se il file non esiste, lo crea. Se esiste, non lo tronca e il puntatore è all'inizio.

- "c+": Lettura e scrittura. Se il file non esiste, lo crea. Se esiste, non lo tronca e il puntatore è all'inizio.

Esempio:

code PHP
downloadcontent_copy
expand_less

```php
    <?php
$filename = "conto.txt";
$file = fopen($filename, "r");

if ($file === false) {
    echo "Errore nell'apertura del file " . $filename . "<br>";
} else {
    echo "File " . $filename . " aperto in modalità lettura.<br>";
    // Successivamente useremo funzioni per leggere
    fclose($file); // Non dimenticare di chiudere
}
```

?>

2. fread(): Legge da un file

Legge un numero specificato di byte da una risorsa file aperta.

Sintassi:
string fread(resource $handle, int $length)

- $handle: La risorsa file restituita da fopen().

- $length: Il numero massimo di byte da leggere.

Esempio:

code PHP
downloadcontent_copy
expand_less
```php
    <?php
// Assicuriamoci che il file esista con del contenuto
file_put_contents("dati.txt", "Lorem ipsum dolor sit amet, consectetur
adipiscing elit.");

$filename = "dati.txt";
$file = fopen($filename, "r");

if ($file) {
    // Legge l'intero file (dimensioni del file in byte)
    $content = fread($file, filesize($filename));
    echo "Contenuto del file: " . htmlspecialchars($content) . "<br>";
    fclose($file);
} else {
    echo "Impossibile aprire il file.<br>";
}

// Leggere solo una parte del file
$file_part = fopen($filename, "r");
if ($file_part) {
    $first_ten_bytes = fread($file_part, 10); // Legge i primi 10 byte
    echo "Primi 10 byte: " . htmlspecialchars($first_ten_bytes) . "<br>";
    fclose($file_part);
}
?>
```

3. fgets(): Legge una riga da un file

Legge una singola riga dal puntatore del file. Si ferma al primo newline (\n), a filesize - 1 byte o EOF (End-Of-File), a seconda di quale venga prima.

Sintassi:
string fgets(resource $handle, int $length = null)

Esempio:

code PHP
downloadcontent_copy

expand_less

```php
    <?php
// Creiamo un file con più righe
file_put_contents("righe.txt", "Prima riga\nSeconda riga\nTerza riga");

$filename = "righe.txt";
$file = fopen($filename, "r");

if ($file) {
    while (!feof($file)) { // feof() controlla se il puntatore ha raggiunto la
fine del file
        echo htmlspecialchars(fgets($file)) . "<br>";
    }
    fclose($file);
} else {
    echo "Impossibile aprire il file.<br>";
}
// Output:
// Prima riga
// Seconda riga
// Terza riga
?>
```

4. fgetc(): Legge un carattere da un file

Legge un singolo carattere dal puntatore del file.

Sintassi:

string fgetc(resource $handle)

Esempio:

code PHP

downloadcontent_copy

expand_less

```php
    <?php
$filename = "lettere.txt";
file_put_contents($filename, "ABC");

$file = fopen($filename, "r");
if ($file) {
    while (!feof($file)) {
        echo htmlspecialchars(fgetc($file)) . "-";
    }
    fclose($file);
}
// Output: A-B-C-
?>
```

5. fclose(): Chiude un file

Chiude una risorsa file aperta. È cruciale chiudere sempre i file dopo aver finito di usarli per liberare le risorse di sistema.

Sintassi:

bool fclose(resource $handle)

Esempio: (già visto negli esempi precedenti)

6. filesize(): Ottiene la dimensione del file
Restituisce la dimensione del file in byte.

Sintassi:
int filesize(string $filename)

Esempio:

code PHP
downloadcontent_copy
expand_less
```php
    <?php
$filename = "dati.txt"; // Assicurati che esista o crealo
file_put_contents($filename, "Contenuto di prova per filesize.");
echo "La dimensione di " . $filename . " è: " . filesize($filename) . "
byte.<br>"; // Output: La dimensione di dati.txt è: 30 byte.
?>
```

Queste funzioni forniscono un controllo a basso livello sulla gestione dei file, utili per scenari specifici in cui file_get_contents() e file_put_contents() potrebbero non essere sufficienti o efficienti.

PHP Creazione/Scrittura File

La creazione e la scrittura di file sono operazioni comuni in PHP per compiti come la registrazione di log, la generazione di report, la memorizzazione di dati di configurazione o il caching. Abbiamo già visto file_put_contents(), ma esploriamo le funzioni più specifiche per la scrittura incrementale.

1. fopen() con modalità di scrittura ("w", "a", "x", "c")
Come discusso, fopen() è il primo passo per preparare un file alla scrittura.

- "w" (write): Apre il file per la sola scrittura. Se il file esiste, lo *tronca* (cancella il contenuto). Se non esiste, tenta di crearlo. Il puntatore è all'inizio del file.

- "a" (append): Apre il file per la sola scrittura. Se il file esiste, il puntatore è posizionato alla fine. Se il file non esiste, tenta di crearlo. Non tronca il file.

- "x" (exclusive write): Crea e apre il file per la sola scrittura. Se il file esiste già, fopen() fallisce con un errore. Utile per creare file unici senza sovrascrivere.

- "c" (create if not exists, no truncate): Apre il file per la sola scrittura. Se il file non esiste, lo crea. Se esiste, non lo tronca. Il puntatore è all'inizio.

Esempio di fopen() per scrittura/aggiunta:

code PHP
downloadcontent_copy
expand_less
```php
    <?php
```

```php
// Modalità "w" (scrive e sovrascrive)
$file_w = fopen("test_w.txt", "w");
if ($file_w) {
    fwrite($file_w, "Questo testo sovrascrive il contenuto esistente.\n");
    fclose($file_w);
    echo "Scritto su test_w.txt (modalità 'w').<br>";
}

// Modalità "a" (aggiunge)
$file_a = fopen("test_a.txt", "a");
if ($file_a) {
    fwrite($file_a, "Questa riga viene aggiunta al file.\n");
    fclose($file_a);
    echo "Aggiunto su test_a.txt (modalità 'a').<br>";
}

// Modalità "x" (crea in modo esclusivo)
$file_x = fopen("test_x.txt", "x"); // La prima volta funziona
if ($file_x) {
    fwrite($file_x, "Questo file è stato creato in modalità esclusiva.\n");
    fclose($file_x);
    echo "Creato test_x.txt in modo esclusivo.<br>";
} else {
    echo "Errore: test_x.txt esiste già o non può essere creato (modalità
'x').<br>";
}

// Prova a ricreare test_x.txt con "x" (dovrebbe fallire)
$file_x_again = fopen("test_x.txt", "x");
if ($file_x_again) {
    fwrite($file_x_again, "Questa scrittura non dovrebbe avvenire.\n");
    fclose($file_x_again);
    echo "Creato test_x.txt di nuovo (modalità 'x').<br>";
} else {
    echo "Errore atteso: test_x.txt esiste già (modalità 'x' fallita).<br>";
}

// Modalità "c" (crea se non esiste, non tronca)
$file_c = fopen("test_c.txt", "c");
if ($file_c) {
    fwrite($file_c, "Contenuto scritto con 'c' la prima volta.\n");
    fclose($file_c);
    echo "Scritto su test_c.txt (modalità 'c').<br>";
}

// Se riapri con 'c', non tronca e sovrascrive dall'inizio
$file_c_again = fopen("test_c.txt", "c");
if ($file_c_again) {
    fwrite($file_c_again, "Sovrascrive solo l'inizio con 'c' la seconda volta.\
n");
    fclose($file_c_again);
    echo "Sovrascritto inizio di test_c.txt (modalità 'c').<br>";
}
?>
```

2. fwrite() (o fputs()): Scrive in un file

Scrive la stringa specificata nella risorsa file. Restituisce il numero di byte scritti o false in caso di errore.

Sintassi:

int fwrite(resource $handle, string $string, int $length = null)

- $handle: La risorsa file aperta con fopen().

- $string: La stringa da scrivere nel file.

- $length: (Opzionale) Se specificato, la scrittura si fermerà dopo $length byte o quando si raggiunge la fine della stringa, a seconda di quale venga prima.

Esempio:

code PHP

downloadcontent_copy

expand_less

```php
    <?php
$filename = "output.txt";
$file = fopen($filename, "w"); // Apre in modalità scrittura (tronca)

if ($file) {
    $testo1 = "Questa è la prima riga scritta con fwrite.\n";
    $testo2 = "Questa è la seconda riga.\n";

    fwrite($file, $testo1);
    fwrite($file, $testo2);

    fclose($file);
    echo "File '" . $filename . "' creato e scritto con successo.<br>";
    echo "Contenuto: <pre>" . htmlspecialchars(file_get_contents($filename)) .
"</pre>";
} else {
    echo "Impossibile creare/aprire il file per la scrittura.<br>";
}
?>
```

3. fputs(): Alias per fwrite()

fputs() è un alias di fwrite(), quindi funzionano allo stesso modo.

4. ftruncate(): Tronca un file ad una dimensione specificata

Utile per ridimensionare un file.

Sintassi:

bool ftruncate(resource $handle, int $size)

Esempio:

code PHP

downloadcontent_copy

expand_less

```php
    <?php
$filename = "truncate_test.txt";
file_put_contents($filename, "Questa è una stringa molto lunga per il test di
truncate.");

$file = fopen($filename, "r+"); // Apre per lettura e scrittura
```

```
if ($file) {
    echo "Contenuto originale: " .
htmlspecialchars(file_get_contents($filename)) . "<br>";
    echo "Dimensione originale: " . filesize($filename) . " byte.<br>";

    // Tronca il file ai primi 10 byte
    ftruncate($file, 10);
    fseek($file, 0); // Sposta il puntatore all'inizio per leggere il nuovo
contenuto

    echo "Contenuto dopo truncate a 10 byte: " . htmlspecialchars(fread($file,
filesize($filename))) . "<br>";
    echo "Nuova dimensione: " . filesize($filename) . " byte.<br>";

    fclose($file);
}
?>
```

Permessi dei file:

Quando si creano o si scrivono file, è importante considerare i permessi. Il server web (spesso l'utente www-data o apache) deve avere i permessi di scrittura sulla directory in cui si desidera creare o modificare i file. Potrebbe essere necessario modificare i permessi delle directory con comandi come chmod 775 nome_directory o chmod 777 nome_directory (quest'ultimo è meno sicuro e dovrebbe essere usato con cautela).

code Bash

downloadcontent_copy

expand_less
```
    # Esempio da terminale Linux
chmod 775 /var/www/html/uploads
```

La gestione dei file con fopen(), fwrite() e fclose() offre un controllo fine sulle operazioni I/O, essenziale per applicazioni che necessitano di manipolare il contenuto dei file in modo specifico.

PHP Caricamento File (File Upload)

Il caricamento di file è una funzionalità comune che permette agli utenti di inviare file (immagini, documenti, video, ecc.) dal proprio computer al server web. PHP fornisce un meccanismo robusto per gestire questi caricamenti in modo sicuro.

Principi Fondamentali del Caricamento File:

1. **Form HTML:**

   - Il form deve usare il metodo POST.

   - L'attributo enctype deve essere impostato a "multipart/form-data".

   - Il campo di input per il file deve avere type="file".

- È buona pratica aggiungere un campo MAX_FILE_SIZE nascosto per specificare la dimensione massima consentita in byte (anche se questo è solo un suggerimento per il browser e deve essere verificato lato server).

Esempio di Form HTML (upload_form.php):

code Html
downloadcontent_copy
expand_less
```
    <!DOCTYPE html>
<html>
<body>

<form action="upload.php" method="post" enctype="multipart/form-data">
    Seleziona un'immagine da caricare:
    <input type="file" name="fileToUpload" id="fileToUpload">
    <input type="submit" value="Carica Immagine" name="submit">
</form>

</body>
</html>
```

2. **Configurazione PHP (php.ini):**
   Assicurati che le seguenti direttive siano configurate correttamente nel tuo file php.ini (o sovrascritte nel file .htaccess o a runtime):

   - file_uploads = On: Abilita il caricamento di file.

   - upload_max_filesize = 2M: Dimensione massima consentita per un singolo file (es. 2 Megabyte).

   - post_max_size = 8M: Dimensione massima per tutti i dati POST, inclusi i file. Dovrebbe essere maggiore o uguale a upload_max_filesize.

   - max_file_uploads = 20: Numero massimo di file che possono essere caricati in una singola richiesta.

   - upload_tmp_dir: Directory temporanea dove PHP salva i file caricati prima che lo script li sposti.

3. **Gestione PHP (upload.php):**
   PHP memorizza le informazioni sui file caricati nell'array superglobale $_FILES.

   Struttura di $_FILES['nome_del_campo']:

   - name: Il nome originale del file sul computer del client.

   - type: Il tipo MIME del file (es. image/jpeg, application/pdf).

   - size: La dimensione del file in byte.

   - tmp_name: Il percorso completo del file temporaneo sul server dove è stato memorizzato dopo il caricamento. Questo è il percorso da cui dovrai spostare il file.

- error: Il codice di errore associato al caricamento (0 = nessun errore).

Esempio di Script PHP per il Caricamento (upload.php):

code PHP

downloadcontent_copy

expand_less

```php
<?php
$target_dir = "uploads/"; // Specifica la directory dove salvare il file

// Assicurati che la directory esista e sia scrivibile
if (!file_exists($target_dir)) {
    mkdir($target_dir, 0777, true); // Crea la directory con permessi 0777
(leggibile/scrivibile da tutti)
}

$target_file = $target_dir . basename($_FILES["fileToUpload"]["name"]); //
Path completo del file sulla destinazione
$uploadOk = 1; // Flag per controllare se il caricamento è OK (0 = errore,
1 = OK)
$imageFileType = strtolower(pathinfo($target_file,
PATHINFO_EXTENSION)); // Estensione del file

// 1. Verifica se il file è stato effettivamente inviato
if (!isset($_POST["submit"]) || !isset($_FILES["fileToUpload"])) {
    echo "Nessun file è stato inviato.<br>";
    $uploadOk = 0;
}

// 2. Verifica se il file esiste già
if (file_exists($target_file)) {
    echo "Spiacente, il file esiste già.<br>";
    $uploadOk = 0;
}

// 3. Verifica la dimensione del file
if ($_FILES["fileToUpload"]["size"] > 500000) { // Limite di 500KB
    echo "Spiacente, il tuo file è troppo grande.<br>";
    $uploadOk = 0;
}

// 4. Consenti solo certi formati di file (ad esempio, immagini)
if ($imageFileType != "jpg" && $imageFileType != "png" && $imageFileType !
= "jpeg"
    && $imageFileType != "gif") {
    echo "Spiacente, sono permessi solo file JPG, JPEG, PNG & GIF.<br>";
    $uploadOk = 0;
}

// 5. Controlla se $uploadOk è 0 a causa di un errore
if ($uploadOk == 0) {
    echo "Spiacente, il tuo file non è stato caricato.<br>";
} else {
    // 6. Se tutto è OK, prova a spostare il file dalla temp directory
alla destinazione finale
    if (move_uploaded_file($_FILES["fileToUpload"]["tmp_name"],
$target_file)) {
        echo "Il file " .
htmlspecialchars(basename($_FILES["fileToUpload"]["name"])) . " è stato
caricato.<br>";
```

```
        echo "<img src='" . htmlspecialchars($target_file) . "'
width='200px' /><br>"; // Mostra l'immagine se caricata
    } else {
        echo "Spiacente, c'è stato un errore durante il caricamento del
tuo file.<br>";
    }
}

// Gestione degli errori di caricamento di PHP
if ($_FILES["fileToUpload"]["error"] != UPLOAD_ERR_OK) {
    echo "Errore di caricamento: ";
    switch ($_FILES["fileToUpload"]["error"]) {
        case UPLOAD_ERR_INI_SIZE:
            echo "Il file caricato supera la direttiva upload_max_filesize
in php.ini.";
            break;
        case UPLOAD_ERR_FORM_SIZE:
            echo "Il file caricato supera la direttiva MAX_FILE_SIZE
specificata nel form HTML.";
            break;
        case UPLOAD_ERR_PARTIAL:
            echo "Il file è stato caricato solo parzialmente.";
            break;
        case UPLOAD_ERR_NO_FILE:
            echo "Nessun file è stato caricato.";
            break;
        case UPLOAD_ERR_NO_TMP_DIR:
            echo "Manca una cartella temporanea.";
            break;
        case UPLOAD_ERR_CANT_WRITE:
            echo "Scrittura su disco fallita.";
            break;
        case UPLOAD_ERR_EXTENSION:
            echo "Un'estensione di PHP ha interrotto il caricamento del
file.";
            break;
        default:
            echo "Errore sconosciuto.";
            break;
    }
    echo "<br>";
}
?>
```

Considerazioni sulla Sicurezza:

Il caricamento di file è una delle funzionalità più critiche dal punto di vista della sicurezza. Un file caricato malevolmente può compromettere l'intero server. È **essenziale** implementare controlli robusti:

- **Verifica dell'Estensione del File:** Non affidarti solo al tipo MIME ($_FILES["fileToUpload"]["type"]) che può essere facilmente falsificato. Controlla l'estensione del file sul server.

- **Verifica del Contenuto Reale:** Per le immagini, usa funzioni come getimagesize() o librerie come GD o ImageMagick per assicurarti che il file sia effettivamente un'immagine valida e non un file script rinominato.

- **Rinomina i File Caricati:** Genera un nome di file univoco e sicuro sul server (es. usando uniqid() o md5(microtime())) per evitare sovrascritture o esecuzione di script con nomi prevedibili.

- **Limita la Dimensione del File:** Imposta limiti sia nel php.ini che nel codice PHP.

- **Isola i File Caricati:** Non salvare mai i file caricati direttamente in una directory web accessibile publicamente, specialmente se non sono immagini o file statici. Se possibile, salvali al di fuori della root del documento o, se devono essere accessibili via web, assicurati che la directory uploads/ non consenta l'esecuzione di script (es. configurando Apache/Nginx).

- **Controlla i Permessi della Directory:** La directory di destinazione (uploads/) deve avere i permessi di scrittura per l'utente del server web, ma non di esecuzione se non strettamente necessario.

- **Scansione Antivirus:** Per ambienti di produzione, considera l'integrazione di uno scanner antivirus sui file caricati.

L'uso corretto di queste tecniche è fondamentale per implementare un sistema di caricamento file sicuro e affidabile.

PHP Cookie

I cookie HTTP sono piccoli blocchi di dati che un server invia al browser web dell'utente. Il browser li memorizza e li rimanda con ogni richiesta successiva allo stesso server. I cookie sono ampiamente utilizzati per:

- **Mantenere lo stato dell'utente:** Login, carrelli della spesa.

- **Personalizzazione:** Preferenze dell'utente, temi.

- **Tracciamento:** Analisi del traffico web, pubblicità mirata.

1. setcookie(): Impostare un Cookie
La funzione setcookie() viene usata per inviare un nuovo cookie HTTP al browser dell'utente. Deve essere chiamata *prima* di qualsiasi output HTML o di qualsiasi altro contenuto inviato al browser.

Sintassi:
bool setcookie(string $name, string $value = "", int $expire = 0, string $path = "", string $domain = "", bool $secure = false, bool $httponly = false)

- $name: Il nome del cookie.

- $value: Il valore del cookie.

- $expire: Il timestamp Unix dopo il quale il cookie scade. 0 significa che il cookie scade alla chiusura del browser (cookie di sessione). time() + (secondi) imposta una data di scadenza.

- $path: Il percorso sul server a cui il cookie sarà disponibile. / significa che il cookie sarà disponibile in tutto il dominio. /directory/ significa solo in quella directory e sottodirectory.

- $domain: Il dominio per cui il cookie è valido. Un cookie sarà visibile a tutti i sottodomini (es. .example.com).

- $secure: Se true, il cookie sarà inviato solo tramite connessioni HTTPS sicure.

- $httponly: Se true, il cookie sarà accessibile solo via HTTP/S e non da JavaScript. Questo è un'importante misura di sicurezza contro gli attacchi XSS.

Esempio: Impostare un cookie

code PHP

downloadcontent_copy

expand_less

```php
    <?php
$cookie_name = "utente";
$cookie_value = "Mario Rossi";
$expire_time = time() + (86400 * 30); // Il cookie scade dopo 30 giorni (86400
seconds in un giorno)

setcookie($cookie_name, $cookie_value, $expire_time, "/", "", false, true); //
Percorso /, httponly
?>
<!DOCTYPE html>
<html>
<body>

<?php
if (!isset($_COOKIE[$cookie_name])) {
    echo "Il cookie '" . $cookie_name . "' non è ancora impostato o non è stato
inviato dal browser.<br>";
    echo "Prova ad aggiornare la pagina.<br>";
} else {
    echo "Il cookie '" . $cookie_name . "' è impostato!<br>";
    echo "Valore: " . htmlspecialchars($_COOKIE[$cookie_name]) . "<br>";
}
?>

</body>
</html>
```

2. $_COOKIE: Accedere ai Cookie

Dopo che un cookie è stato impostato dal server e il browser lo ha rimandato, PHP lo rende disponibile tramite l'array superglobale $_COOKIE.

Esempio: Accedere a un cookie (dallo script sopra, dopo il refresh)

code PHP

downloadcontent_copy

expand_less

```php
    <?php
// ... codice setcookie ...
?>
<!DOCTYPE html>
<html>
<body>
```

```php
<?php
if (isset($_COOKIE[$cookie_name])) {
    echo "Benvenuto di nuovo, " . htmlspecialchars($_COOKIE[$cookie_name]) . "!
<br>";
} else {
    echo "Ciao, ospite! Il cookie non è impostato.<br>";
}
?>

</body>
</html>
```

3. Modificare un Cookie:

Per modificare un cookie, basta chiamare setcookie() di nuovo con lo stesso nome e un nuovo valore.

Esempio:

code PHP

downloadcontent_copy

expand_less
```php
    <?php
$cookie_name = "utente";
$new_cookie_value = "Giuseppe Verdi";
setcookie($cookie_name, $new_cookie_value, time() + (86400 * 30), "/", "",
false, true); // Stessi parametri
echo "Cookie utente modificato. Aggiorna la pagina per vedere il nuovo
valore.<br>";
?>
```

4. Eliminare un Cookie:

Per eliminare un cookie, si chiama setcookie() con lo stesso nome e si imposta il tempo di scadenza nel passato.

Esempio:

code PHP

downloadcontent_copy

expand_less
```php
    <?php
$cookie_name = "utente";
setcookie($cookie_name, "", time() - 3600, "/", "", false, true); // Imposta la
scadenza nel passato
echo "Cookie utente eliminato. Aggiorna la pagina per verificarlo.<br>";
?>
```

Considerazioni sulla Sicurezza e Privacy:

- **Dati Sensibili:** Non memorizzare mai dati altamente sensibili (es. password non crittografate, informazioni finanziarie) direttamente nei cookie. Usa le sessioni per questo.

- **httponly:** Imposta httponly a true per prevenire l'accesso al cookie da parte di script lato client (JavaScript). Questo mitiga il rischio di dirottamento di sessione tramite attacchi XSS.

- **secure:** Imposta secure a true per garantire che il cookie venga inviato solo su connessioni HTTPS.

- **Consenso ai Cookie (GDPR, ePrivacy Directive):** In molte giurisdizioni (es. UE), è legalmente richiesto ottenere il consenso dell'utente prima di impostare cookie non essenziali.

I cookie sono uno strumento potente per la persistenza di dati lato client, ma devono essere usati con attenzione per la sicurezza e la privacy.

PHP Sessioni

Le sessioni offrono un modo per memorizzare informazioni utente da utilizzare attraverso più pagine di un sito web. A differenza dei cookie (che memorizzano i dati sul lato client), le sessioni memorizzano i dati sul server. Un identificatore univoco di sessione (Session ID) viene generato e di solito inviato al client tramite un cookie (o, meno comunemente, nell'URL) per mantenere la traccia della sessione.

Le sessioni sono ideali per dati sensibili o grandi quantità di dati che devono persistere per la durata della visita di un utente, come:

- Stato di login dell'utente.

- Elementi del carrello della spesa.

- Messaggi flash (messaggi che appaiono una volta e poi scompaiono).

1. session_start(): Iniziare una Sessione
Questa funzione deve essere chiamata all'inizio di ogni pagina che intende utilizzare le sessioni. Deve essere la prima cosa che lo script PHP esegue, *prima* di qualsiasi output HTML.

code PHP
downloadcontent_copy
expand_less

```
    <?php
session_start(); // Inizia o riprende una sessione esistente
?>
<!DOCTYPE html>
<html>
<body>
<!-- Il resto del tuo HTML/PHP -->
```

Quando session_start() viene chiamata:

- Controlla se esiste un ID di sessione nel cookie del client.

- Se lo trova, tenta di caricare i dati di sessione associati da un file temporaneo sul server.

- Se non lo trova (o se non esiste un cookie), genera un nuovo ID di sessione e crea un nuovo file di sessione sul server.

2. $_SESSION: Memorizzare e Accedere ai Dati di Sessione

I dati di sessione sono memorizzati nell'array superglobale $_SESSION. Puoi trattarlo come un array associativo normale.

Esempio: Impostare e accedere a variabili di sessione

code PHP

downloadcontent_copy

expand_less

```php
<?php
session_start();

// Imposta alcune variabili di sessione
$_SESSION["colore_preferito"] = "verde";
$_SESSION["animale_preferito"] = "cane";
$_SESSION["username"] = "john_doe";

echo "Variabili di sessione impostate.<br>";
echo "Ricarica la pagina o vai a un'altra pagina (es. 'page2.php') che chiama
session_start() per vederle.<br>";
?>
```

Su un'altra pagina (es. page2.php):

code PHP

downloadcontent_copy

expand_less

```php
<?php
session_start(); // Deve essere chiamata anche qui!

echo "Benvenuto, " . htmlspecialchars($_SESSION["username"]) . "!<br>";
echo "Il tuo colore preferito è: " .
htmlspecialchars($_SESSION["colore_preferito"]) . ".<br>";
echo "Il tuo animale preferito è: " .
htmlspecialchars($_SESSION["animale_preferito"]) . ".<br>";
?>
```

3. Modificare una Variabile di Sessione:

Basta assegnare un nuovo valore alla chiave nell'array $_SESSION.

code PHP

downloadcontent_copy

expand_less

```php
<?php
session_start();
$_SESSION["colore_preferito"] = "blu";
echo "Il tuo nuovo colore preferito è " .
htmlspecialchars($_SESSION["colore_preferito"]) . ".<br>";
?>
```

4. unset(): Rimuovere una Singola Variabile di Sessione

Per rimuovere solo una specifica variabile di sessione, usa unset().

code PHP

downloadcontent_copy

expand_less

```php
<?php
session_start();
unset($_SESSION['animale_preferito']);
echo "La variabile 'animale_preferito' è stata rimossa dalla sessione.<br>";
?>
```

5. session_destroy(): Terminare l'intera Sessione

Per eliminare completamente tutti i dati di una sessione e distruggere l'ID di sessione dal server, usa session_destroy(). Questo non annulla la variabile superglobale $_SESSION nello script corrente, quindi dovresti anche chiamare session_unset() per cancellare le variabili.

code PHP

downloadcontent_copy

expand_less

```php
<?php
session_start();

// Rimuove tutte le variabili di sessione
session_unset();

// Distrugge la sessione
session_destroy();

echo "Tutte le variabili di sessione sono state rimosse e la sessione è stata distrutta.<br>";
?>
```

Importante: session_destroy() distrugge il file di sessione sul server, ma non rimuove il cookie di sessione dal browser dell'utente. Se il cookie viene mantenuto, il browser potrebbe provare a rimandare lo stesso ID di sessione alla prossima richiesta, potenzialmente causando la creazione di una nuova sessione vuota. Per pulire completamente, potresti voler anche eliminare il cookie di sessione.

Configurazione di Sessione (php.ini):

Alcune direttive importanti in php.ini riguardano la gestione delle sessioni:

- session.save_path: La directory sul server dove i file di sessione vengono memorizzati. Deve essere scrivibile dal server web.

- session.cookie_lifetime: La durata del cookie di sessione (in secondi). 0 significa fino alla chiusura del browser.

- session.gc_maxlifetime: Il numero di secondi dopo il quale i dati di una sessione non più attiva vengono considerati "spazzatura" e potenzialmente eliminati dal "garbage collector".

- session.use_cookies: Se le sessioni utilizzano i cookie per l'ID di sessione (raccomandato).

- session.cookie_httponly: Impostare a true per maggiore sicurezza.

Le sessioni sono un componente fondamentale per costruire applicazioni web interattive e sicure, consentendo la gestione dello stato utente in modo affidabile.

• SQL Inner Join (Unione interna)
Restituisce solo le righe che hanno corrispondenze in entrambe le tabelle unite. Le righe senza corrispondenza in una delle due tabelle vengono escluse.

code SQL
downloadcontent_copy
expand_less

```
    SELECT clienti.nome, ordini.data_ordine
FROM clienti
INNER JOIN ordini ON clienti.id_cliente = ordini.id_cliente;
```

• SQL Left Join (Unione sinistra)
Restituisce tutte le righe dalla tabella "sinistra" (la prima nella FROM o LEFT JOIN) e le righe corrispondenti dalla tabella "destra". Se non ci sono corrispondenze nella tabella destra, vengono restituiti valori NULL per le colonne della tabella destra.

code SQL
downloadcontent_copy
expand_less

```
    SELECT clienti.nome, ordini.data_ordine
FROM clienti
LEFT JOIN ordini ON clienti.id_cliente = ordini.id_cliente;
```

• SQL Right Join (Unione destra)
Restituisce tutte le righe dalla tabella "destra" (la seconda nella RIGHT JOIN) e le righe corrispondenti dalla tabella "sinistra". Se non ci sono corrispondenze nella tabella sinistra, vengono restituiti valori NULL per le colonne della tabella sinistra.

code SQL
downloadcontent_copy
expand_less

```
    SELECT clienti.nome, ordini.data_ordine
FROM clienti
RIGHT JOIN ordini ON clienti.id_cliente = ordini.id_cliente;
```

• SQL Full Join (Unione completa)
Restituisce tutte le righe quando c'è una corrispondenza in una delle tabelle "sinistra" o "destra". È una combinazione di LEFT JOIN e RIGHT JOIN. (Nota: MySQL non ha FULL JOIN diretto, si simula con LEFT JOIN UNION RIGHT JOIN).

code SQL
downloadcontent_copy
expand_less

```
    -- Concettuale, la sintassi esatta varia
SELECT * FROM TabellaA FULL OUTER JOIN TabellaB ON TabellaA.id = TabellaB.id;
```

• **SQL Self Join (Unione di una tabella con se stessa)**

Un self join è una normale join in cui una tabella è unita a se stessa. Viene usato per confrontare righe all'interno della stessa tabella. Si usano gli alias per distinguere le due "copie" della tabella.

code SQL
downloadcontent_copy
expand_less

```
    SELECT A.nome AS Impiegato, B.nome AS Supervisore
FROM impiegati A, impiegati B
WHERE A.id_supervisore = B.id_impiegato;
```

• **SQL Union (Combinare set di risultati)**

L'operatore UNION combina il set di risultati di due o più istruzioni SELECT. Ogni istruzione SELECT all'interno di UNION deve avere lo stesso numero di colonne, colonne con tipi di dati simili e nell'ordine corretto. UNION rimuove i duplicati.

code SQL
downloadcontent_copy
expand_less

```
    SELECT citta FROM fornitori
UNION
SELECT citta FROM clienti;
```

• **SQL Union All (Combinare set di risultati con duplicati)**

L'operatore UNION ALL è simile a UNION, ma include anche i record duplicati nei risultati.

code SQL
downloadcontent_copy
expand_less

```
    SELECT citta FROM fornitori
UNION ALL
SELECT citta FROM clienti;
```

Capitolo 15: Raggruppamento e Condizioni Complesse

• **SQL Group By (Raggruppamento di dati)**

La clausola GROUP BY raggruppa le righe che hanno gli stessi valori in una o più colonne in un gruppo di riepilogo. Viene spesso usata con le funzioni aggregate.

code SQL

downloadcontent_copy
expand_less

```sql
    SELECT categoria, COUNT(*) AS numero_prodotti
FROM prodotti
GROUP BY categoria;
```

• SQL Having (Filtrare gruppi)

La clausola HAVING viene usata con GROUP BY per filtrare i gruppi in base a una condizione. È simile a WHERE, ma agisce sui risultati delle funzioni aggregate dopo che i gruppi sono stati formati.

code SQL
downloadcontent_copy
expand_less

```sql
    SELECT categoria, AVG(prezzo) AS prezzo_medio
FROM prodotti
GROUP BY categoria
HAVING AVG(prezzo) > 20;
```

• SQL Exists (Testare l'esistenza di un record)

L'operatore EXISTS testa l'esistenza di righe in una subquery. Restituisce TRUE se la subquery restituisce una o più righe, altrimenti FALSE. È efficiente perché smette di cercare alla prima corrispondenza.

code SQL
downloadcontent_copy
expand_less

```sql
    SELECT nome_cliente FROM clienti
WHERE EXISTS (SELECT * FROM ordini WHERE ordini.id_cliente =
clienti.id_cliente);
```

• SQL Any, All (Condizioni con subquery)

- **ANY:** Restituisce TRUE se un'operazione è vera per ANY valore nella subquery. Significa "almeno uno".

- **ALL:** Restituisce TRUE se un'operazione è vera per ALL i valori nella subquery.

code SQL
downloadcontent_copy
expand_less

```sql
    -- Seleziona prodotti il cui prezzo è maggiore di ALMENO UN prezzo di
prodotto della categoria 'Elettronica'
SELECT nome_prodotto FROM prodotti WHERE prezzo > ANY (SELECT prezzo FROM
prodotti WHERE categoria = 'Elettronica');

-- Seleziona prodotti il cui prezzo è maggiore di TUTTI i prezzi di prodotto
della categoria 'Abbigliamento'
SELECT nome_prodotto FROM prodotti WHERE prezzo > ALL (SELECT prezzo FROM
prodotti WHERE categoria = 'Abbigliamento');
```

• SQL Case (Istruzioni condizionali)

L'espressione CASE viene usata per creare logica condizionale in una query SQL, restituendo un valore diverso in base a diverse condizioni. È come un'istruzione if-else in SQL.

code SQL
downloadcontent_copy
expand_less

```sql
SELECT nome_prodotto, prezzo,
CASE
    WHEN prezzo > 100 THEN 'Costoso'
    WHEN prezzo > 50 THEN 'Medio'
    ELSE 'Economico'
END AS fascia_prezzo
FROM prodotti;
```

• SQL Funzioni NULL (IFNULL, COALESCE, ecc.)

Queste funzioni gestiscono i valori NULL restituendo un valore alternativo quando una colonna è NULL.

- IFNULL(colonna, valore_se_null) (MySQL)

- ISNULL(colonna, valore_se_null) (SQL Server)

- COALESCE(colonna1, colonna2, ..., valore_se_null) (Standard SQL): Restituisce il primo valore non NULL nell'elenco.

code SQL
downloadcontent_copy
expand_less

```sql
SELECT nome, IFNULL(email, 'Email non disponibile') FROM clienti;
```

Capitolo 16: Gestione dello Schema del Database (DDL) e Altro

• SQL Database (Concetti di base)

Un database è un contenitore logico per una collezione di tabelle, viste, stored procedure, funzioni, ecc.

• SQL Create DB (Creare un database)

Il comando CREATE DATABASE viene usato per creare un nuovo database.

code SQL
downloadcontent_copy
expand_less

```sql
CREATE DATABASE mio_nuovo_database;
```

• SQL Drop DB (Eliminare un database)

Il comando DROP DATABASE elimina un database esistente e tutti i suoi contenuti.
ATTENZIONE: Questa operazione è irreversibile!

code SQL
downloadcontent_copy
expand_less

```sql
DROP DATABASE mio_vecchio_database;
```

• SQL Backup DB (Backup del database)

Il backup di un database implica la creazione di una copia dei dati per il recupero in caso di perdita
di dati. Questo viene fatto con strumenti specifici del RDBMS (es. mysqldump per MySQL).

code Bash
downloadcontent_copy
expand_less

```bash
mysqldump -u utente -p nome_database > backup.sql
```

• SQL Create Table (Creare una tabella)

Il comando CREATE TABLE è usato per creare una nuova tabella nel database, definendo le
colonne, i loro tipi di dati e i vincoli.

code SQL
downloadcontent_copy
expand_less

```sql
CREATE TABLE impiegati (
id_impiegato INT PRIMARY KEY AUTO_INCREMENT,
nome VARCHAR(50) NOT NULL,
cognome VARCHAR(50) NOT NULL,
email VARCHAR(100) UNIQUE,
data_assunzione DATE DEFAULT CURRENT_DATE
);
```

• SQL Drop Table (Eliminare una tabella)

Il comando DROP TABLE elimina una tabella esistente e tutti i suoi dati. ATTENZIONE:
Irreversibile!

code SQL
downloadcontent_copy
expand_less

```sql
DROP TABLE vecchi_dati;
```

• SQL Alter Table (Modificare la struttura di una tabella)

Il comando ALTER TABLE è usato per aggiungere, eliminare o modificare colonne in una tabella
esistente, o per aggiungere/eliminare vincoli.

code SQL

downloadcontent_copy

expand_less

```
    ALTER TABLE impiegati ADD COLUMN telefono VARCHAR(20);
ALTER TABLE impiegati MODIFY COLUMN email VARCHAR(150);
ALTER TABLE impiegati DROP COLUMN data_assunzione;
```

• SQL Vincoli (Constraints - Introduzione)

I vincoli sono regole applicate alle colonne di una tabella per limitare i tipi di dati che possono essere inseriti in essa, garantendo l'accuratezza e l'integrità dei dati.

• SQL Not Null

Il vincolo NOT NULL assicura che una colonna non possa contenere valori NULL.

code SQL

downloadcontent_copy

expand_less

```
    CREATE TABLE prodotti (
    id INT PRIMARY KEY,
    nome VARCHAR(255) NOT NULL -- 'nome' non può essere NULL
);
```

• SQL Unique

Il vincolo UNIQUE assicura che tutti i valori in una colonna siano diversi. Può esserci un solo valore NULL in una colonna UNIQUE.

code SQL

downloadcontent_copy

expand_less

```
    CREATE TABLE utenti (
    id INT PRIMARY KEY,
    username VARCHAR(50) UNIQUE -- Ogni username deve essere unico
);
```

• SQL Primary Key (Chiave primaria)

Un vincolo PRIMARY KEY identifica univocamente ogni record in una tabella. Deve contenere valori UNIQUE e NOT NULL. Ogni tabella può avere una sola chiave primaria.

code SQL

downloadcontent_copy

expand_less

```
    CREATE TABLE ordini (
    id_ordine INT PRIMARY KEY, -- 'id_ordine' è la chiave primaria
    data DATE
);
```

• SQL Foreign Key (Chiave esterna)

Un vincolo FOREIGN KEY è un campo (o una collezione di campi) in una tabella che si riferisce alla PRIMARY KEY di un'altra tabella. Stabilisce un collegamento tra due tabelle, garantendo l'integrità referenziale.

code SQL

downloadcontent_copy

expand_less

```sql
CREATE TABLE dettagli_ordine (
id_dettaglio INT PRIMARY KEY,
id_ordine INT,
FOREIGN KEY (id_ordine)
```

code SQL

downloadcontent_copy

expand_less

```sql
    FOREIGN KEY (id_ordine) REFERENCES ordini(id_ordine) -- id_ordine fa
riferimento alla tabella ordini
);
```

• SQL Check (Vincoli di controllo)

Il vincolo CHECK assicura che tutti i valori in una colonna soddisfino una condizione specifica.

code SQL

downloadcontent_copy

expand_less

```sql
CREATE TABLE impiegati (
id INT PRIMARY KEY,
eta INT,
CHECK (eta >= 18) -- L'età deve essere maggiore o uguale a 18
);
```

• SQL Default (Valori predefiniti)

Il vincolo DEFAULT imposta un valore predefinito per una colonna quando non viene specificato alcun valore durante l'inserimento.

code SQL

downloadcontent_copy

expand_less

```sql
CREATE TABLE prodotti (
id INT PRIMARY KEY,
nome VARCHAR(255),
disponibile BOOLEAN DEFAULT TRUE -- Di default il prodotto è disponibile
);
```

• SQL Index (Indici)

Gli indici vengono utilizzati per recuperare i dati dal database più rapidamente. Sono strutture speciali (simili agli indici di un libro) che migliorano le prestazioni di ricerca, ma rallentano le operazioni di inserimento/aggiornamento/eliminazione.

code SQL

downloadcontent_copy

expand_less

```sql
CREATE INDEX idx_cognome ON impiegati (cognome);
```

• SQL Auto Increment

AUTO_INCREMENT (o IDENTITY in SQL Server) è un'impostazione che genera automaticamente un numero univoco per ogni nuovo record. Spesso usato per le chiavi primarie.

code SQL

downloadcontent_copy

expand_less

```sql
CREATE TABLE articoli (
id INT PRIMARY KEY AUTO_INCREMENT, -- L'ID viene generato automaticamente
titolo VARCHAR(255)
);
```

• SQL Dates (Gestione delle date)

SQL offre diversi tipi di dati per memorizzare date e orari (DATE, TIME, DATETIME, TIMESTAMP) e funzioni per manipolarli (es. NOW(), CURDATE(), DATE_ADD(), DATEDIFF()).

code SQL

downloadcontent_copy

expand_less

```sql
SELECT NOW() AS data_e_ora_corrente;
SELECT data_ordine, DATE_ADD(data_ordine, INTERVAL 7 DAY) AS
data_consegna_stimata FROM ordini;
```

• SQL Views (Viste)

Una vista è una tabella virtuale basata sul set di risultati di una query SQL. Non memorizza i dati fisicamente, ma li presenta come se fosse una tabella. Utile per semplificare query complesse o per scopi di sicurezza.

code SQL

downloadcontent_copy

expand_less

```sql
CREATE VIEW prodotti_costosi AS
SELECT nome_prodotto, prezzo FROM prodotti WHERE prezzo > 100;

SELECT * FROM prodotti_costosi; -- Interroga la vista come una tabella
```

• SQL Stored Procedures (Procedure memorizzate)

Una stored procedure è una collezione di istruzioni SQL che viene compilata e memorizzata nel database. Può accettare parametri e restituire valori. Sono utili per incapsulare logica di business, migliorare le prestazioni e la sicurezza.

code SQL

downloadcontent_copy
expand_less

```
    -- Esempio (sintassi varia per RDBMS)
DELIMITER //
CREATE PROCEDURE GetClientiByCitta(IN citta_param VARCHAR(255))
BEGIN
    SELECT * FROM clienti WHERE citta = citta_param;
END //
DELIMITER ;

CALL GetClientiByCitta('Roma');
```

• **SQL Comments (Commenti in SQL)**

I commenti sono usati per spiegare il codice SQL e renderlo più leggibile.

- • -- Questo è un commento su una singola riga

- • /* Questo è un commento su più righe */

• **SQL Operators (Operatori avanzati)**

Oltre agli operatori aritmetici (+, -, *, /) e di confronto (=, !=, >, <, >=, <=), SQL include operatori logici (AND, OR, NOT), di pattern matching (LIKE, REGEXP) e set (UNION, INTERSECT, EXCEPT).

• **SQL Data Types (Tipi di dati SQL)**

Definiscono il tipo di valore che una colonna può contenere. Esempi:

- • **Numerici:** INT, DECIMAL, FLOAT

- • **Stringhe:** VARCHAR, TEXT, CHAR

- • **Data/Ora:** DATE, TIME, DATETIME, TIMESTAMP

- • **Booleani:** BOOLEAN (o TINYINT(1) in MySQL)

• **SQL Injection (Introduzione alla sicurezza)**

SQL Injection è una vulnerabilità di sicurezza web che permette a un attaccante di interferire con le query che un'applicazione fa al suo database. Può portare all'accesso non autorizzato a dati sensibili, alla modifica o distruzione di dati, o persino all'esecuzione di comandi sul server. Si previene principalmente usando Prepared Statements.

• **SQL Hosting (Considerazioni sull'hosting)**

Quando si ospita un'applicazione web con un database, si devono considerare fattori come il tipo di database server, la sua configurazione, la capacità di archiviazione, la RAM, l'ottimizzazione e le misure di sicurezza fornite dall'host.

Capitolo 17: Riferimenti e Risorse SQL

Questa sezione elenca risorse utili per approfondire SQL:

- • **SQL Keywords:** Un elenco delle parole chiave e dei comandi SQL.

- **MySQL Functions, SQL Server Functions, MS Access Functions:** Funzioni specifiche per i diversi RDBMS.

- **SQL Quick Ref:** Un riferimento rapido per la sintassi comune.

- **SQL Esempi:** Esempi pratici di query.

- **SQL Editor:** Strumenti per scrivere ed eseguire query SQL (es. MySQL Workbench, DBeaver, HeidiSQL).

- **SQL Quiz, SQL Esercizi:** Per testare e migliorare le proprie conoscenze.

- **SQL Server (Introduzione):** Informazioni specifiche sul RDBMS di Microsoft.

- **SQL Syllabus, SQL Study Plan, SQL Bootcamp, SQL Certificate, SQL Training, SQL Tutorial, Imparare SQL:** Percorsi di studio e risorse didattiche.

Parte 4: Connessione PHP e MySQL

Capitolo 18: Connettere PHP a MySQL

• **MySQL Database (Riepilogo)**
Questo riassume i concetti chiave di MySQL come RDBMS, sottolineando la sua importanza nel contesto dello sviluppo web con PHP.

• **MySQL Connect (Connessione a un database MySQL con MySQLi/PDO)**
PHP offre due estensioni principali per connettersi a MySQL:

- **MySQLi (MySQL Improved):** Un'estensione specifica per MySQL, disponibile sia in stile procedurale che orientato agli oggetti.

- **PDO (PHP Data Objects):** Un'interfaccia leggera e coerente per accedere ai database. Supporta molti RDBMS, rendendo il codice più portabile. È la scelta preferita per nuove applicazioni.

Esempio MySQLi (OOP):

code PHP
downloadcontent_copy
expand_less

```php
    $servername = "localhost";
$username = "root";
$password = "";
$dbname = "miodb";

// Crea connessione
$conn = new mysqli($servername, $username, $password, $dbname);

// Controlla connessione
if ($conn->connect_error) {
    die("Connessione fallita: " . $conn->connect_error);
}
echo "Connesso con successo a MySQLi";
```

```
$conn->close();
```

Esempio PDO:

code PHP

downloadcontent_copy

expand_less

```
    $servername = "localhost";
$username = "root";
$password = "";
$dbname = "miodb";

try {
    $conn = new PDO("mysql:host=$servername;dbname=$dbname", $username,
$password);
    // Imposta la modalità degli errori di PDO su eccezioni
    $conn->setAttribute(PDO::ATTR_ERRMODE, PDO::ERRMODE_EXCEPTION);
    echo "Connesso con successo a PDO";
} catch(PDOException $e) {
    echo "Connessione fallita: " . $e->getMessage();
}
$conn = null; // Chiudi la connessione
```

• MySQL Create DB (Creazione di un database tramite PHP)
È possibile eseguire query CREATE DATABASE tramite PHP per creare database
programmaticamente.

code PHP

downloadcontent_copy

expand_less

```
    // Dopo aver stabilito la connessione
$sql = "CREATE DATABASE NuovoDB";
if ($conn->query($sql) === TRUE) {
    echo "Database creato con successo";
} else {
    echo "Errore creazione database: " . $conn->error;
}
```

• MySQL Create Table (Creazione di tabelle tramite PHP)
Similmente, si possono eseguire query CREATE TABLE per definire la struttura delle tabelle.

code PHP

downloadcontent_copy

expand_less

```
    // Dopo aver stabilito la connessione e selezionato un DB
$sql = "CREATE TABLE Utenti (
    id INT(6) UNSIGNED AUTO_INCREMENT PRIMARY KEY,
    firstname VARCHAR(30) NOT NULL,
    lastname VARCHAR(30) NOT NULL,
    email VARCHAR(50),
    reg_date TIMESTAMP DEFAULT CURRENT_TIMESTAMP ON UPDATE CURRENT_TIMESTAMP
)";
if ($conn->query($sql) === TRUE) {
```

```
    echo "Tabella Utenti creata con successo";
} else {
    echo "Errore creazione tabella: " . $conn->error;
}
```

• MySQL Insert Data (Inserimento di dati tramite PHP)

Si usano le query INSERT INTO per aggiungere dati alle tabelle.

code PHP

downloadcontent_copy

expand_less

```
    $sql = "INSERT INTO Utenti (firstname, lastname, email) VALUES ('John',
'Doe', 'john@example.com')";
if ($conn->query($sql) === TRUE) {
    echo "Nuovo record creato con successo";
} else {
    echo "Errore: " . $sql . "<br>" . $conn->error;
}
```

• MySQL Get Last ID (Ottenere l'ID dell'ultimo record inserito)

Dopo un'operazione INSERT, è spesso utile recuperare l'ID della chiave primaria generato automaticamente per il record appena inserito.

- **MySQLi:** $conn->insert_id
- **PDO:** $conn->lastInsertId()

code PHP

downloadcontent_copy

expand_less

```
    // Dopo l'INSERT riuscito in MySQLi
$last_id = $conn->insert_id;
echo "Nuovo record creato con successo. Ultimo ID inserito: " . $last_id;
```

• MySQL Insert Multiple (Inserimento di più record)

Per inserire più record, si possono eseguire più query INSERT o utilizzare una singola query INSERT con più set di valori. Per grandi quantità di dati, è più efficiente usare Prepared Statements o transazioni.

code PHP

downloadcontent_copy

expand_less

```
    $sql = "INSERT INTO Utenti (firstname, lastname, email) VALUES ('Jane',
'Doe', 'jane@example.com');";
$sql .= "INSERT INTO Utenti (firstname, lastname, email) VALUES ('Mike', 'Ross',
'mike@example.com')";
if ($conn->multi_query($sql) === TRUE) { // Per MySQLi
    echo "Nuovi record creati con successo";
} else {
    echo "Errore: " . $sql . "<br>" . $conn->error;
}
```

• MySQL Prepared Statements (Prepared Statements per sicurezza e prestazioni)

I Prepared Statements sono un modo per eseguire la stessa query SQL più volte con valori diversi in modo efficiente e, soprattutto, sicuro. Prevengono gli attacchi di SQL Injection perché i valori dei parametri vengono inviati separatamente alla query e non vengono interpretati come parte della query SQL stessa.

code PHP

downloadcontent_copy

expand_less

```
    // MySQLi
$stmt = $conn->prepare("INSERT INTO Utenti (firstname, lastname, email) VALUES
(?, ?, ?)");
$stmt->bind_param("sss", $firstname, $lastname, $email); // "sss" indica 3
stringhe

$firstname = "Alice";
$lastname = "Smith";
$email = "alice@example.com";
$stmt->execute();

$firstname = "Bob";
$lastname = "Johnson";
$email = "bob@example.com";
$stmt->execute();

$stmt->close();
```

code PHP

downloadcontent_copy

expand_less

```
    // PDO
$stmt = $conn->prepare("INSERT INTO Utenti (firstname, lastname, email) VALUES
(:firstname, :lastname, :email)");
$stmt->bindParam(':firstname', $firstname);
$stmt->bindParam(':lastname', $lastname);
$stmt->bindParam(':email', $email);

$firstname = "Alice"; $lastname = "Smith"; $email = "alice@example.com";
$stmt->execute();

$firstname = "Bob"; $lastname = "Johnson"; $email = "bob@example.com";
$stmt->execute();
```

• MySQL Select Data (Selezione di dati tramite PHP)

Per recuperare dati, si esegue una query SELECT e si iterano sui risultati.

code PHP

downloadcontent_copy

expand_less

```
    $sql = "SELECT id, firstname, lastname FROM Utenti";
$result = $conn->query($sql);
```

```php
if ($result->num_rows > 0) {
    while($row = $result->fetch_assoc()) { // Per MySQLi
        echo "ID: " . $row["id"]. " - Nome: " . $row["firstname"]. " " .
$row["lastname"]. "<br>";
    }
} else {
    echo "0 risultati";
}
```

• MySQL Where (Filtrare dati selezionati)

Si usa la clausola WHERE nelle query SELECT per filtrare i risultati. Con Prepared Statements, la condizione WHERE viene parametrizzata.

code PHP

downloadcontent_copy

expand_less

```php
    // MySQLi Prepared Statement per SELECT con WHERE
$stmt = $conn->prepare("SELECT firstname, lastname FROM Utenti WHERE email
= ?");
$stmt->bind_param("s", $email_cercata);

$email_cercata = "john@example.com";
$stmt->execute();
$result = $stmt->get_result(); // Ottieni il risultato

if ($result->num_rows > 0) {
    while($row = $result->fetch_assoc()) {
        echo "Nome: " . $row["firstname"]. " " . $row["lastname"]. "<br>";
    }
}
$stmt->close();
```

• MySQL Order By (Ordinare dati selezionati)

Si usa la clausola ORDER BY nelle query SELECT per ordinare i risultati.

code PHP

downloadcontent_copy

expand_less

```php
    $sql = "SELECT id, firstname, lastname FROM Utenti ORDER BY lastname ASC";
$result = $conn->query($sql);
// ... poi iterare sui risultati come sopra
```

• MySQL Delete Data (Eliminare dati tramite PHP)

Si usa la query DELETE FROM per eliminare record. Sempre usare WHERE e Prepared Statements per sicurezza.

code PHP

downloadcontent_copy

expand_less

```php
    $stmt = $conn->prepare("DELETE FROM Utenti WHERE id = ?");
$stmt->bind_param("i", $id_da_eliminare); // "i" per integer
```

```
$id_da_eliminare = 3;
$stmt->execute();
echo "Record eliminato con successo";
$stmt->close();
```

• MySQL Update Data (Aggiornare dati tramite PHP)

Si usa la query UPDATE per modificare record esistenti. Sempre usare WHERE e Prepared Statements per sicurezza.

code PHP

downloadcontent_copy

expand_less

```
    $stmt = $conn->prepare("UPDATE Utenti SET firstname = ?, lastname = ? WHERE
id = ?");
$stmt->bind_param("ssi", $nuovo_firstname, $nuovo_lastname,
$id_da_aggiornare); // "ssi" per 2 stringhe e 1 integer

$nuovo_firstname = "Johnny";
$nuovo_lastname = "Depp";
$id_da_aggiornare = 1;
$stmt->execute();
echo "Record aggiornato con successo";
$stmt->close();
```

• MySQL Limit Data (Limitare i risultati)

Si usa la clausola LIMIT per restringere il numero di record restituiti dalla query. Utile per la paginazione.

code PHP

downloadcontent_copy

expand_less

```
    $sql = "SELECT * FROM Utenti LIMIT 10 OFFSET 20"; // Prendi 10 record a
partire dal 21° (offset 20)
$result = $conn->query($sql);
// ... poi iterare sui risultati
```

Parte 5: Interazione con JavaScript (Vanilla JS)

Capitolo 19: Introduzione a JavaScript

• JS Tutorial, JS Introduction (Cos'è JavaScript)

JavaScript è un linguaggio di programmazione leggero, interpretato o compilato just-in-time con funzioni di prima classe. È noto come il linguaggio di scripting per le pagine web, ma viene usato anche per molti ambienti non-browser (Node.js). Permette di rendere le pagine web interattive.

• JS Where To (Dove inserire JavaScript)

JavaScript può essere inserito:

- **Nel tag <head>:** Spesso per caricare script prima che la pagina venga visualizzata.

- **Nel tag <body> (preferito, specialmente alla fine):** Per assicurarsi che l'HTML sia già caricato prima che lo script provi a manipolarlo.

- **In file esterni (.js):** Il metodo migliore per organizzare il codice, riutilizzarlo e migliorare la cache del browser.

code Html
downloadcontent_copy
expand_less

```
    <script src="my_script.js"></script>
<script>
    // Codice JavaScript qui
</script>
```

• JS Output (Come mostrare output)

JavaScript offre diversi modi per visualizzare l'output:

- alert("Ciao!"): Mostra una finestra di dialogo di avviso.

- document.getElementById("demo").innerHTML = "Testo";: Scrive contenuto HTML in un elemento.

- console.log("Messaggio console");: Scrive messaggi nella console del browser (per debugging).

- document.write("Testo");: Scrive direttamente nel documento HTML (non raccomandato dopo che la pagina è caricata).

• JS Syntax

La sintassi JavaScript include:

- **Istruzioni:** Separate da punto e virgola (opzionale se su righe diverse).

- **Variabili:** Dichiarate con var, let, const.

- **Commenti:** // singola riga o /* multiriga */.

- **Blocchi di codice:** Racchiusi tra parentesi graffe { }.

• JS Variables (Variabili e Scope)

Le variabili sono contenitori per valori di dati.

- **var:** Scope di funzione, può essere ridichiarata e riassegnata. Comportamenti a volte inaspettati (hoisting).

- **let:** Scope di blocco, non può essere ridichiarata, può essere riassegnata.

- **const:** Scope di blocco, non può essere ridichiarata né riassegnata dopo l'inizializzazione. Usata per valori costanti.

code JavaScript
downloadcontent_copy

```
expand_less
    var nome = "Alice";
let eta = 30;
const PI = 3.14;

if (true) {
    let x = 10; // x è visibile solo qui
    var y = 20; // y è visibile anche fuori
}
// console.log(x); // Errore
console.log(y); // OK
```

• JS Operators

JavaScript ha operatori:

- **Aritmetici:** +, -, *, /, %, ** (esponente).

- **Assegnazione:** =, +=, -=, ecc.

- **Confronto:** == (uguaglianza debole), === (uguaglianza stretta), !=, !==, >, <, >=, <=.

- **Logici:** && (AND), || (OR), ! (NOT).

- **Ternario:** condizione ? valore_se_true : valore_se_false.

Capitolo 20: Strutture di Controllo e Funzioni JavaScript

• JS If Conditions

Le istruzioni condizionali if, else if, else eseguono blocchi di codice diversi in base a condizioni vere o false.

code JavaScript
downloadcontent_copy
```
expand_less
    let ora = 10;
if (ora < 12) {
    console.log("Buongiornho!");
} else if (ora < 18) {
    console.log("Buon pomeriggio!");
} else {
    console.log("Buonanotte!");
}
```

• JS Loops

I loop vengono usati per eseguire ripetutamente un blocco di codice.

- **for:** Per cicli con un numero predefinito di iterazioni.

  code JavaScript
  downloadcontent_copy
  ```
  expand_less
      for (let i = 0; i < 5; i++) {
  ```

```
    console.log(i);
}
```

- **while:** Continua a ciclare finché una condizione è vera.

code JavaScript
downloadcontent_copy
expand_less
```
    let count = 0;
while (count < 3) {
    console.log(count);
    count++;
}
```

- **do...while:** Simile a while, ma il blocco di codice viene eseguito almeno una volta.

- **for...in:** Per iterare sulle proprietà enumerabili di un oggetto.

- **for...of:** Per iterare sui valori di oggetti iterabili (array, stringhe, Map, Set).

• **JS Functions (Dichiarazione e chiamata di funzioni)**
Una funzione è un blocco di codice progettato per eseguire un compito specifico. Può accettare parametri e restituire un valore.

code JavaScript
downloadcontent_copy
expand_less
```
    // Dichiarazione di funzione
function saluta(nome) {
    return "Ciao, " + nome + "!";
}

// Chiamata di funzione
let messaggio = saluta("Alice");
console.log(messaggio); // Output: Ciao, Alice!

// Funzioni freccia (Arrow Functions, ES6+)
const moltiplica = (a, b) => a * b;
console.log(moltiplica(4, 5));
```

• **JS Programming (Principi di programmazione)**
Include concetti come la logica algoritmica, la modularità, la gestione degli errori e la scrittura di codice pulito e manutenibile. JavaScript supporta vari paradigmi, inclusi imperativo, funzionale e orientato agli oggetti.

Capitolo 21: Tipi di Dati e Oggetti Fondamentali

• **JS Strings**
Le stringhe sono sequenze di caratteri. Possono essere racchiuse tra apici singoli ('), doppi ("") o backticks (` per template literals).

code JavaScript

downloadcontent_copy

expand_less

```
    let nome = "Mario";
let cognome = 'Rossi';
let saluto = `Ciao, ${nome} ${cognome}!`; // Template literal
console.log(saluto.length); // Lunghezza
console.log(saluto.toUpperCase()); // Maiuscolo
```

• JS Numbers

JavaScript ha un solo tipo numerico, Number, che può rappresentare sia interi che numeri in virgola mobile.

code JavaScript

downloadcontent_copy

expand_less

```
    let intero = 10;
let decimale = 3.14;
let risultato = intero + decimale;
console.log(isNaN(risultato)); // is Not a Number
```

• JS Oggetti (Introduzione agli oggetti)

Gli oggetti JavaScript sono collezioni di coppie chiave-valore. Sono strutture fondamentali per raggruppare dati e funzionalità correlate.

code JavaScript

downloadcontent_copy

expand_less

```
    let persona = {
    nome: "Luigi",
    eta: 40,
    saluta: function() {
        console.log(`Ciao, sono ${this.nome}!`);
    }
};
console.log(persona.eta);
persona.saluta();
```

• JS Date (Lavorare con le date)

L'oggetto Date permette di lavorare con date e orari.

code JavaScript

downloadcontent_copy

expand_less

```
    let dataCorrente = new Date();
console.log(dataCorrente);
console.log(dataCorrente.getFullYear());
console.log(dataCorrente.getMonth()); // Mesi da 0 a 11
```

• JS Arrays (Array in JavaScript)

Gli array sono liste ordinate di valori.

code JavaScript

downloadcontent_copy

expand_less

```javascript
    let frutti = ["mela", "banana", "ciliegia"];
console.log(frutti[0]); // Accesso per indice
frutti.push("arancia"); // Aggiungi alla fine
console.log(frutti.length);
```

• JS Typed Arrays

Sono array che contengono un unico tipo di dato (es. Int8Array, Float32Array). Sono usati per manipolare dati binari in modo più efficiente, specialmente in contesti come WebGL o la manipolazione di file.

• JS Sets (Set di dati)

Un Set è una collezione di valori unici. Non ammette duplicati.

code JavaScript

downloadcontent_copy

expand_less

```javascript
    let numeriUnici = new Set([1, 2, 2, 3, 4, 4]);
console.log(numeriUnici.size); // Output: 4
numeriUnici.add(5);
numeriUnici.has(2); // true
```

• JS Maps (Mappe di dati)

Una Map è una collezione di coppie chiave-valore in cui le chiavi possono essere di qualsiasi tipo (non solo stringhe come negli oggetti semplici).

code JavaScript

downloadcontent_copy

expand_less

```javascript
    let utenti = new Map();
utenti.set('id1', { nome: 'Alice' });
utenti.set('id2', { nome: 'Bob' });
console.log(utenti.get('id1'));
```

• JS Math (Funzioni matematiche)

L'oggetto Math fornisce proprietà e metodi per costanti e funzioni matematiche.

code JavaScript

downloadcontent_copy

expand_less

```javascript
    console.log(Math.PI);
console.log(Math.sqrt(16));
console.log(Math.random()); // Numero casuale tra 0 (incluso) e 1 (escluso)
```

• JS RegExp (Espressioni regolari)

Le espressioni regolari sono pattern usati per abbinare combinazioni di caratteri nelle stringhe.

code JavaScript
downloadcontent_copy
expand_less

```
    let testo = "La mia email è esempio@dominio.com";
let pattern = /([a-zA-Z0-9._-]+@[a-zA-Z0-9._-]+\.[a-zA-Z0-9._-]+)/;
let match = testo.match(pattern);
console.log(match[0]); // esempio@dominio.com
```

• JS Data Types (Tipi di dati avanzati)

Include una comprensione più profonda dei tipi primitivi (string, number, boolean, null, undefined, symbol, bigint) e dei tipi oggetto.

• JS Errors (Gestione degli errori)

Come in PHP, JavaScript ha un meccanismo try...catch per gestire le eccezioni.

code JavaScript
downloadcontent_copy
expand_less

```
    try {
    let x = y + 1; // y non è definita, genererà un ReferenceError
} catch (error) {
    console.error("Si è verificato un errore: " + error.message);
} finally {
    console.log("Questo blocco viene sempre eseguito.");
}
```

Capitolo 22: Eventi e Interazione con l'HTML

• JS Events (Gestione degli eventi)

Gli eventi sono azioni che accadono nel browser (es. click del mouse, caricamento della pagina, pressione di un tasto). JavaScript permette di "ascoltare" questi eventi e reagire ad essi.

code Html
downloadcontent_copy
expand_less

```
    <button id="myButton">Cliccami</button>
<script>
    document.getElementById("myButton").addEventListener("click", function() {
        alert("Bottone cliccato!");
    });
</script>
```

• JS HTML DOM (Document Object Model)

Il DOM è un'interfaccia di programmazione per i documenti HTML e XML. Rappresenta la struttura di un documento come un albero di nodi, permettendo a JavaScript di accedere, modificare e creare elementi, attributi e testo dell'HTML.

code JavaScript
downloadcontent_copy
expand_less

```javascript
    // Ottenere elementi
let elemento = document.getElementById("myId");
let elementi = document.getElementsByClassName("myClass");
let queryElement = document.querySelector(".myClass p"); // Selettore CSS

// Modificare contenuto
elemento.innerHTML = "Nuovo testo";

// Modificare stili
elemento.style.color = "red";

// Creare e aggiungere elementi
let nuovoParagrafo = document.createElement("p");
nuovoParagrafo.textContent = "Questo è un nuovo paragrafo.";
document.body.appendChild(nuovoParagrafo);
```

• **JS Windows (Oggetto Window)**
L'oggetto window rappresenta la finestra del browser e fornisce metodi e proprietà per interagire con essa (es. window.innerWidth, window.location, window.open(), window.close()).

Capitolo 23: JavaScript Avanzato e Web API

• **JS Funzioni (Approfondimento)**
Include concetti come closure, funzioni higher-order, funzioni callback, e differenze tra dichiarazioni di funzione e espressioni di funzione.

• **JS Oggetti (Approfondimento)**
Prototipi, ereditarietà prototipale, Object.create(), Object.keys(), Object.values(), Object.entries(), destructuring di oggetti.

• **JS Classi (Programmazione Orientata agli Oggetti con JS)**
JavaScript (dall'ES6 in poi) offre una sintassi basata su class per implementare l'OOP in modo più familiare, sebbene internamente sia ancora basato sui prototipi.

code JavaScript
downloadcontent_copy
expand_less

```javascript
    class Animale {
    constructor(nome) {
        this.nome = nome;
    }
    presentati() {
        console.log(`Ciao, sono ${this.nome}.`);
    }
}
```

```
class Gatto extends Animale {
    constructor(nome, colore) {
        super(nome); // Chiama il costruttore del padre
        this.colore = colore;
    }
    miagola() {
        console.log("Miao!");
    }
}
let micio = new Gatto("Birba", "nero");
micio.presentati(); // Ciao, sono Birba.
micio.miagola(); // Miao!
```

• **JS Iterations (Metodi di iterazione)**

Metodi specifici per array e altri iterabili: forEach(), map(), filter(), reduce(), some(), every(), ecc.

code JavaScript
downloadcontent_copy
expand_less
```
    let numeri = [1, 2, 3, 4];
let quadrati = numeri.map(num => num * num); // [1, 4, 9, 16]
let pari = numeri.filter(num => num % 2 === 0); // [2, 4]
```

• **JS Asynchronous (Programmazione Asincrona: Callbacks, Promises, Async/Await)**

La programmazione asincrona permette di eseguire operazioni lunghe senza bloccare il thread principale (e l'interfaccia utente).

- **Callbacks:** Funzioni passate come argomenti ad altre funzioni, da eseguire quando un'operazione asincrona è completata. Possono portare al "callback hell" con molte operazioni annidate.

- **Promises:** Un oggetto che rappresenta il completamento (o il fallimento) futuro di un'operazione asincrona. Migliora la gestione di sequenze di operazioni asincrone.

  code JavaScript
  downloadcontent_copy
  expand_less
  ```
      fetch('https://api.example.com/data')
      .then(response => response.json())
      .then(data => console.log(data))
      .catch(error => console.error('Errore:', error));
  ```

- **Async/Await:** Una sintassi moderna (ES8) che rende il codice asincrono più facile da leggere e scrivere, facendolo sembrare sincrono. Si basa sulle Promises.

  code JavaScript
  downloadcontent_copy
  expand_less
  ```
      async function getData() {
      try {
          const response = await fetch('https://api.example.com/data');
  ```

```
        const data = await response.json();
        console.log(data);
    } catch (error) {
        console.error('Errore:', error);
    }
}
getData();
```

• JS Modules (Moduli JavaScript)

I moduli permettono di organizzare il codice JavaScript in file separati, esportando e importando funzionalità. Aiutano a prevenire collisioni di nomi e a gestire le dipendenze.

- **export:** Per esportare variabili, funzioni o classi da un modulo.

- **import:** Per importare funzionalità da altri moduli.

code JavaScript
downloadcontent_copy
expand_less

```
    // file: math.js
export function somma(a, b) { return a + b; }
export const PI = 3.14;

// file: app.js
import { somma, PI } from './math.js';
console.log(somma(1, 2));
```

• JS Web API (Introduzione alle Web API)

Le Web API sono interfacce che permettono di interagire con il browser e altre funzionalità del web (es. Fetch API per richieste HTTP, Geolocation API per la posizione, Local Storage API per memorizzare dati localmente, Canvas API per la grafica 2D).

• JS AJAX (Asynchronous JavaScript and XML)

AJAX è un insieme di tecniche di sviluppo web che permettono a una pagina web di aggiornare asincronamente parti di sé stessa, senza dover ricaricare l'intera pagina. Utilizza oggetti come XMLHttpRequest o la più moderna fetch API.

code JavaScript
downloadcontent_copy
expand_less

```
    // Esempio con XMLHttpRequest (più vecchio)
let xhr = new XMLHttpRequest();
xhr.onreadystatechange = function() {
    if (this.readyState == 4 && this.status == 200) {
        document.getElementById("demo").innerHTML = this.responseText;
    }
};
xhr.open("GET", "ajax_info.txt", true);
xhr.send();
```

• JS JSON (Lavorare con JSON in JavaScript)

JSON (JavaScript Object Notation) è un formato leggero per lo scambio di dati. È molto usato con JavaScript e AJAX perché è basato sulla sintassi degli oggetti JavaScript.

- JSON.parse(): Converte una stringa JSON in un oggetto JavaScript.

- JSON.stringify(): Converte un oggetto JavaScript in una stringa JSON.

code JavaScript

downloadcontent_copy

expand_less

```
    let jsonString = '{"nome":"Alice", "eta":30}';
let obj = JSON.parse(jsonString);
console.log(obj.nome); // Alice

let newJsonString = JSON.stringify({prodotto: "Laptop", prezzo: 1200});
console.log(newJsonString); // {"prodotto":"Laptop","prezzo":1200}
```

• JS jQuery (Introduzione e utilizzo di jQuery come framework)

jQuery è una libreria JavaScript popolare che semplifica molte operazioni comuni, come la manipolazione del DOM, la gestione degli eventi e le richieste AJAX, offrendo una sintassi più concisa e cross-browser. Sebbene meno dominante di un tempo, è ancora usata in molti progetti.

code Html

downloadcontent_copy

expand_less

```
    <script
src="https://ajax.googleapis.com/ajax/libs/jquery/3.7.1/jquery.min.js"></script>
<button id="myJqueryButton">Cliccami (jQuery)</button>
<div id="myDiv"></div>
<script>
    $(document).ready(function() {
        $("#myJqueryButton").on("click", function() {
            $("#myDiv").text("Testo aggiunto con jQuery!");
        });
    });
</script>
```

• JS Graphics (Grafica con Canvas o SVG)

- **Canvas:** Un elemento HTML5 per disegnare grafica 2D in tempo reale utilizzando JavaScript

. È basato su pixel, ideale per giochi, visualizzazioni di dati e animazioni complesse. html <canvas id="myCanvas" width="200" height="100" style="border:1px solid #000000;"></canvas> <script> const canvas = document.getElementById("myCanvas"); const ctx = canvas.getContext("2d"); ctx.fillStyle = "blue"; ctx.fillRect(10, 10, 100, 50); // Disegna un rettangolo </script>

- **SVG (Scalable Vector Graphics):** Un formato XML per la grafica vettoriale 2D. Basato su vettori, il che significa che può essere scalato senza perdita di qualità. Ideale per icone, loghi e grafici che devono essere ridimensionabili. Può essere manipolato direttamente con JavaScript.

Capitolo 24: Riferimenti e Risorse JavaScript

Questa sezione elenca risorse utili per approfondire JavaScript:

- **JS Examples:** Esempi di codice per comprendere i vari concetti.
- **JS Reference:** Documentazione di riferimento per tutte le funzioni, oggetti e API JavaScript (es. MDN Web Docs).
- **JS UTF-8 Characters:** Informazioni sui caratteri Unicode in JavaScript.
- **JS Versions (Evoluzione di JavaScript):** Comprendere le diverse versioni di ECMAScript (standard JavaScript) e le nuove funzionalità introdotte (ES6/ES2015, ES2016, ecc.).

Parte 6: Integrazione e Progetti Pratici

Capitolo 25: AJAX con PHP e MySQL

• AJAX Intro

Riepilogo del concetto di AJAX: aggiornare parti di una pagina web senza ricaricarla completamente, comunicando con il server in background.

• AJAX PHP (Richieste AJAX con PHP)

Il frontend JavaScript invia una richiesta AJAX (GET o POST) a uno script PHP sul server. Lo script PHP elabora la richiesta, interagisce con il database (se necessario) e restituisce una risposta (spesso in formato JSON o XML) al client.

code JavaScript
downloadcontent_copy
expand_less

```
    // Lato client (JavaScript)
document.getElementById("caricaDati").addEventListener("click", function() {
    fetch('carica_utenti.php') // Richiede dati a PHP
        .then(response => response.json())
        .then(data => {
            let lista = "<ul>";
            data.forEach(utente => {
                lista += `<li>${utente.firstname} ${utente.lastname}</li>`;
            });
            lista += "</ul>";
            document.getElementById("risultato").innerHTML = lista;
        })
        .catch(error => console.error('Errore:', error));
});
```

code PHP

downloadcontent_copy

expand_less

```php
    // Lato server (carica_utenti.php)
<?php
header('Content-Type: application/json'); // Indica che la risposta è JSON
$servername = "localhost";
$username = "root";
$password = "";
$dbname = "miodb";

$conn = new mysqli($servername, $username, $password, $dbname);
if ($conn->connect_error) {
    die(json_encode(["error" => "Connessione fallita: " . $conn-
>connect_error]));
}

$sql = "SELECT firstname, lastname FROM Utenti";
$result = $conn->query($sql);

$utenti = [];
if ($result->num_rows > 0) {
    while($row = $result->fetch_assoc()) {
        $utenti[] = $row;
    }
}
echo json_encode($utenti); // Restituisce i dati in formato JSON

$conn->close();
?>
```

- **AJAX Database (Interazione con il database tramite AJAX)**
Approfondisce come le richieste AJAX possano essere usate per eseguire operazioni CRUD (Create, Read, Update, Delete) su un database, orchestrate da script PHP.

- **AJAX XML (Uso di XML con AJAX)**
Storicamente, AJAX usava spesso XML per lo scambio di dati. Oggi, JSON è più comune per la sua semplicità e la sua nativa integrazione con JavaScript. Tuttavia, è ancora possibile usare XML.

- **AJAX Live Search (Esempio pratico: ricerca dinamica)**
Un esempio classico di AJAX. Mentre l'utente digita in un campo di ricerca, JavaScript invia richieste al server per recuperare risultati pertinenti in tempo reale, aggiornando la pagina senza ricaricarla.

- **AJAX Poll (Esempio pratico: sistema di votazione)**
Un altro esempio in cui AJAX è utile: un sistema di votazione o sondaggio in cui gli utenti possono votare e vedere i risultati aggiornati immediatamente senza navigare su un'altra pagina.

Capitolo 26: Esempi e Risorse Pratiche

Questa sezione fornisce risorse aggiuntive per mettere in pratica le conoscenze acquisite:

- **PHP Examples, PHP Quiz, PHP Exercises:** Per praticare e testare le proprie competenze in PHP.

- **PHP Compiler (Ambienti di sviluppo):** Informazioni su IDE (Integrated Development Environments) e editor di codice per PHP (es. VS Code, PhpStorm, Sublime Text) e ambienti di sviluppo locali (XAMPP, WAMP, Docker).

- **PHP Server (Configurazione base):** Come configurare un server web (Apache, Nginx) per eseguire script PHP.

- **PHP Syllabus, PHP Study Plan, PHP Certificate, PHP Reference (Panoramica delle funzioni e delle costanti):**

  - **PHP Overview:** Panoramica generale del linguaggio.

  - **PHP Array, Calendar, Date, Directory, Error, Exception, Filesystem, Filter, FTP, JSON, Keywords, Libxml, Mail, Math, Misc, MySQLi, Network, Output Control, RegEx, SimpleXML, Stream, String, Variable Handling, XML Parser, Zip, Timezones:** Riferimenti dettagliati per le funzioni e le costanti relative a specifici moduli e funzionalità di PHP. Questo include le funzioni per la manipolazione di array, date, file, gestione errori, filtri, JSON, stringhe, interazione con MySQLi e SimpleXML, ecc.

Capitolo 26: Esempi e Risorse Pratiche

La sezione PHP Reference è cruciale perché elenca le categorie principali di funzioni e costanti disponibili in PHP. Comprendere queste aree ti permette di sapere dove cercare quando devi svolgere un compito specifico.

Ecco un'analisi più dettagliata dei singoli punti sotto PHP Reference:

•PHP Overview:
Una panoramica generale delle caratteristiche e della filosofia di PHP. Include concetti come la sua natura server-side, la sintassi di base, come viene interpretato dal server web, e il suo ruolo nello sviluppo dinamico delle pagine web. Potrebbe coprire anche la storia e l'evoluzione di PHP.

•PHP Array:
PHP offre un supporto estremamente robusto per gli array. Questa sezione si riferisce a tutte le funzioni e costanti per lavorare con gli array, che possono essere numerici (indicizzati), associativi (con chiavi stringa) o multidimensionali.

   •Funzioni
   comuni: count(), array_push(), array_pop(), array_merge(), sort(), asort(), ksort(), in_array()
   , array_key_exists(), array_map(), array_filter(), array_reduce(), implode(), explode().

   •Concetti: Navigazione, ordinamento, filtraggio, ricerca, unione e manipolazione di array.

Sviluppo Web con PHP, MySQL e JavaScript

- **PHP Calendar:**
Funzioni per lavorare con i calendari, che possono essere utili per applicazioni che richiedono la conversione tra diversi sistemi di calendario (es. Gregoriano, Ebraico, Giuliano) o per calcoli specifici legati alle date.
  - **Esempi:** cal_days_in_month(), cal_to_jd(), jddayofweek().
- **PHP Date:**
Un set esteso di funzioni per la gestione di date e orari. Cruciale per quasi ogni applicazione che memorizza o visualizza informazioni temporali.
  - **Funzioni comuni:** date(), time(), strtotime(), mktime(), date_create(), date_format(), DateInterval, DateTime (classe OOP per la gestione avanzata di date/orari).
  - **Concetti:** Formattazione di date/orari, calcoli di intervalli, manipolazione di timestamp.
- **PHP Directory:**
Funzioni per interagire con il filesystem a livello di directory. Permette di leggere il contenuto delle directory, creare, rinominare o eliminare cartelle.
  - **Funzioni comuni:** opendir(), readdir(), closedir(), mkdir(), rmdir(), scandir().
- **PHP Error:**
Funzioni e configurazioni per la gestione degli errori e il reporting. PHP offre meccanismi per intercettare e gestire diversi tipi di errori.
  - **Funzioni/Direttive:** error_reporting(), ini_set('display_errors'), set_error_handler(), trigger_error().
  - **Concetti:** Livelli di errore, logging degli errori, gestione personalizzata degli errori.
- **PHP Exception:**
Riferimento alle classi Exception e Error, e come usarle con i blocchi try...catch...finally per una gestione strutturata degli errori in un contesto OOP.
  - **Concetti:** Classi di eccezioni personalizzate, throw, catch, finally, set_exception_handler().
- **PHP Filesystem:**
Funzioni per lavorare con i file e il filesystem in generale.
  - **Funzioni comuni:** fopen(), fclose(), fread(), fwrite(), file_get_contents(), file_put_contents(), copy(), rename(), unlink() (elimina file), file_exists(), filesize(), is_file(), is_dir().
  - **Concetti:** Lettura/scrittura di file, gestione dei permessi, caricamento/download di file.
- **PHP Filter:**
Questa è la sezione dettagliata sui filtri che abbiamo accennato all'inizio. Include tutti i filtri disponibili (FILTER_VALIDATE_EMAIL, FILTER_SANITIZE_STRING, ecc.), le loro opzioni e flag.
  - **Funzioni principali:** filter_var(), filter_input(), filter_has_var(), filter_var_array(), filter_input_array().

Sviluppo Web con PHP, MySQL e JavaScript

•PHP FTP:
Funzioni per connettersi a server FTP (File Transfer Protocol), caricare, scaricare ed eliminare file.

  •Esempi: ftp_connect(), ftp_login(), ftp_put(), ftp_get(), ftp_close().

•PHP JSON:
Funzioni per codificare e decodificare dati in formato JSON. Essenziale per le API web e l'integrazione con JavaScript.

  •Funzioni: json_encode(), json_decode().

•PHP Keywords:
Un elenco delle parole riservate in PHP, che non possono essere usate come nomi di variabili, funzioni o classi (es. if, else, for, class, function, new, public, private, try, catch).

•PHP Libxml:
Funzioni relative alla libreria libxml, che è alla base di molti dei parser XML di PHP (SimpleXML, DOM). Permette di gestire errori XML e impostare opzioni di parsing.

•PHP Mail:
Funzioni per inviare email da uno script PHP. Richiede una configurazione del server per il corretto funzionamento.

  •Funzione: mail().

  •Concetti: Impostazione di header email, invio di allegati (spesso con librerie esterne come PHPMailer per funzionalità più avanzate).

•PHP Math:
Funzioni matematiche per operazioni comuni.

  •Funzioni: abs(), round(), ceil(), floor(), rand(), sqrt(), pow(), min(), max().

•PHP Misc:
Funzioni varie e di utilità che non rientrano facilmente in altre categorie.

  •Esempi: uniqid(), sleep(), exit(), die().

•PHP MySQLi:
Tutte le funzioni procedurali e i metodi orientati agli oggetti per interagire specificamente con i database MySQL usando l'estensione MySQLi.

  •Funzioni/Metodi: mysqli_connect(), mysqli_query(), mysqli_fetch_assoc(), mysqli::prepare(), mysqli_stmt::bind_param(), ecc.

•PHP Network:
Funzioni per operazioni di rete, come risolvere nomi host, gestire indirizzi IP, o interagire con socket.

  •Esempi: gethostbyname(), ip2long(), fsockopen().

•PHP Output Control:
Funzioni per controllare l'output del buffer, consentendo di catturare, manipolare o sopprimere l'output che normalmente verrebbe inviato al browser.

  •Funzioni: ob_start(), ob_get_contents(), ob_end_clean().

Sviluppo Web con PHP, MySQL e JavaScript

•PHP RegEx:
Funzioni per lavorare con le espressioni regolari (Regular Expressions). PHP supporta le espressioni regolari compatibili con Perl (PCRE).

> •Funzioni: preg_match(), preg_replace(), preg_split(), preg_grep().

•PHP SimpleXML:
I metodi e le proprietà dell'oggetto SimpleXMLElement per un facile accesso ai dati XML, come descritto nel Capitolo 10.

•PHP Stream:
Funzioni per la gestione dei flussi (streams), che sono un modo generico per astrarre l'accesso a diversi tipi di risorse (file locali, URL remoti, compressione, ecc.).

> •Esempi: stream_context_create(), stream_get_contents().

•PHP String:
Un vasto set di funzioni per manipolare le stringhe. Essenziale per qualsiasi elaborazione di testo.

> •Funzioni
> comuni: strlen(), strpos(), substr(), str_replace(), trim(), strtoupper(), strtolower(), htmlspe cialchars(), strip_tags().

•PHP Variable Handling:
Funzioni per ispezionare e manipolare variabili.

> •Funzioni: isset(), empty(), unset(), gettype(), settype(), is_string(), is_numeric(), is_array(), var_dump(), print_r().

•PHP XML Parser:
Funzioni relative al parser XML Expat e al parser DOM, come descritto nel Capitolo 10.

•PHP Zip:
Funzioni per leggere e scrivere file compressi in formato ZIP.

> •Classe: ZipArchive.

•PHP Timezones:
Funzioni e costanti per la gestione dei fusi orari. Essenziale per applicazioni che devono gestire date e orari in diverse località geografiche.

> •Funzioni: date_default_timezone_set(), DateTimeZone (classe).

Architettura e Programmazione dei Processori Intel: Una Guida Completa per Universitari

Parte I: Fondamenti di Architettura dei Processori

Sezione 1: Concetti Base e Storia
Capitolo 1: Cos'è un Processore e Come Funziona
Capitolo 2: Breve Storia dell'Informatica e dei Microprocessori
Capitolo 3: L'Era Pre-Intel: Dalle Valvole ai Transistor
Capitolo 4: La Nascita di Intel e il Processore 4004
Capitolo 5: Dal 8008 all'8080: I Primi Successi
Capitolo 6: L'Importanza dell'8086 e l'Architettura x86
Capitolo 7: L'Evoluzione dell'Architettura 16-bit: 80186 e 80286
Capitolo 8: L'Avvento del 32-bit: L'Intel 80386 e il Modo Protetti
Capitolo 9: L'80486: Integrazione e Ottimizzazioni
Capitolo 10: La Famiglia Pentium: Una Nuova Era di Performance

Sezione 2: Architettura Generale del Processore
Capitolo 11: Unità di Controllo (CU): Il Cervello dell'Operazione
Capitolo 12: Unità Aritmetico-Logica (ALU): Esecuzione delle Operazioni
Capitolo 13: Registri: Memoria ad Alta Velocità On-Chip
Capitolo 14: Bus di Sistema: Dati, Indirizzi e Controllo
Capitolo 15: Clock e Cicli di Macchina
Capitolo 16: Pipeline di Istruzioni: Concetti Fondamentali
Capitolo 17: Superpipeline e Superscalarità
Capitolo 18: Memoria Cache: Livelli e Principi di Funzionamento
Capitolo 19: Cache L1, L2, L3: Gerarchia e Prestazioni
Capitolo 20: Memoria Virtuale e Paging

Parte II: Architettura x86 e x86-64 Approfondita

Sezione 3: Istruzioni e Set di Istruzioni
Capitolo 21: Il Set di Istruzioni x86: Un'Overview
Capitolo 22: Modalità di Indirizzamento: Immediato, Diretto, Indiretto
Capitolo 23: Istruzioni di Trasferimento Dati (MOV, PUSH, POP)
Capitolo 24: Istruzioni Aritmetiche (ADD, SUB, MUL, DIV)
Capitolo 25: Istruzioni Logiche e Bitwise (AND, OR, XOR, NOT)
Capitolo 26: Istruzioni di Controllo del Flusso (JMP, CALL, RET)
Capitolo 27: Istruzioni Condizionali e Flag Register
Capitolo 28: Istruzioni di Stringa (MOVS, SCAS, CMPS)
Capitolo 29: Istruzioni Speciali e Privilegiate
Capitolo 30: Estensioni del Set di Istruzioni: MMX, SSE, AVX

Sezione 4: Modalità Operative e Memoria
Capitolo 31: Modalità Reale: Il Legacy dei Primi PC
Capitolo 32: Modalità Protetta: Multitasking e Protezione della Memoria
Capitolo 33: Descrittori, Segmenti e Selettori
Capitolo 34: GDT e LDT: Tabelle dei Descrittori Globali e Locali

---

Parte III: Le Generazioni di Processori Intel

Sezione 5: Dal Pentium ai Core

Sezione 6: Architetture Moderne (Core iX)

Parte IV: Funzionalità Avanzate e Tecnologie Intel

Sezione 7: Virtualizzazione e Sicurezza

Architettura e Programmazione dei Processori Intel: Una Guida Completa per Universitari

Parte I: Fondamenti di Architettura dei Processori

Sezione 1: Concetti Base e Storia

Capitolo 1: Cos'è un Processore e Come Funziona

Introduzione: Il Cuore Pulsante di Ogni Sistema Digitale

Nel vasto e complesso universo dell'informatica moderna, poche componenti hardware ricoprono un ruolo così centrale e fondamentale come il processore, spesso chiamato CPU (Central Processing Unit). È il cervello, il cuore pulsante, l'unità di elaborazione che rende possibile l'esistenza e il funzionamento di ogni dispositivo digitale che utilizziamo quotidianamente: dal computer più potente allo smartphone più compatto, dal server che alimenta internet agli elettrodomestici intelligenti. Senza un processore, questi dispositivi sarebbero mere collezioni di circuiti inerti, incapaci di eseguire qualsiasi istruzione, calcolo o operazione logica. Comprendere cosa sia un processore e come funzioni è il primo passo essenziale per addentrarsi nell'affascinante architettura dei sistemi informatici, in particolare quelli basati su Intel.

Questo capitolo si propone di demistificare il processore, spiegando i suoi principi operativi di base, le sue componenti fondamentali e il ciclo di esecuzione delle istruzioni che lo rende un prodigio della tecnologia moderna. Approfondiremo come questa minuscola meraviglia tecnologica, composta da miliardi di transistor, riesca a eseguire miliardi di operazioni al secondo, trasformando dati grezzi in informazioni significative e dando vita al software che utilizziamo.

1.1. Definizione e Ruolo della CPU

La Central Processing Unit, o CPU, è un componente elettronico che esegue le istruzioni di un programma informatico, svolgendo le operazioni aritmetiche, logiche, di controllo e di input/output (I/O) specificate dalle istruzioni. È l'interprete e l'esecutore universale di qualsiasi software. Immaginiamo un computer come una fabbrica: la CPU è il direttore generale che riceve gli ordini (le istruzioni del programma), li analizza, assegna i compiti ai vari reparti (le sue unità interne) e supervisiona l'esecuzione, assicurandosi che il prodotto finale (il risultato dell'elaborazione) sia corretto e consegnato.

Il ruolo primario della CPU è quello di:

- **Eseguire istruzioni:** Ogni programma è una sequenza di istruzioni. La CPU preleva queste istruzioni dalla memoria, le decodifica e le esegue.

- **Gestire i dati:** Manipola dati attraverso operazioni aritmetiche (addizione, sottrazione, moltiplicazione, divisione) e logiche (AND, OR, NOT, XOR).

- **Controllare il flusso:** Determina l'ordine in cui le istruzioni vengono eseguite, gestendo salti condizionali e incondizionali, cicli e chiamate a subroutine.

- **Comunicare con altri componenti:** Interagisce con la memoria (RAM), i dispositivi di archiviazione (SSD/HDD), le schede grafiche e le periferiche tramite il bus di sistema.

Il concetto di CPU ha radici profonde nella storia dell'informatica, evolvendosi da enormi macchine a valvole termoioniche a singoli chip di silicio milioni di volte più potenti. Oggi, il termine "processore" è spesso usato in modo interscambiabile con "microprocessore", indicando una CPU implementata su un singolo circuito integrato (chip).

1.2. Le Componenti Fondamentali di un Processore

Sebbene l'architettura interna di un processore moderno sia incredibilmente complessa e stratificata, è possibile identificare tre blocchi funzionali principali che costituiscono il cuore di ogni CPU:

- **Unità di Controllo (Control Unit - CU):** È il "direttore d'orchestra" del processore. La CU è responsabile dell'interpretazione delle istruzioni del programma e della generazione dei segnali di controllo necessari per coordinare le attività delle altre componenti della CPU e del sistema. Preleva le istruzioni dalla memoria, le decodifica (le traduce in operazioni elementari comprensibili all'hardware) e dirige il flusso dei dati all'interno del processore. Senza la CU, la CPU non saprebbe cosa fare né quando farlo.

- **Unità Aritmetico-Logica (Arithmetic Logic Unit - ALU):** È il "calcolatore" e il "logico" del processore. L'ALU esegue tutte le operazioni aritmetiche (addizione, sottrazione, moltiplicazione, divisione) e logiche (confronti, operazioni booleane come AND, OR, XOR) sui dati. Riceve i dati dalla memoria o dai registri, esegue l'operazione richiesta dalla CU e restituisce il risultato. La velocità e l'efficienza dell'ALU sono cruciali per le prestazioni complessive del processore.

- **Registri (Registers):** Sono piccole memorie ad altissima velocità situate direttamente all'interno della CPU. Sono i "blocc-note" del processore, utilizzati per immagazzinare temporaneamente dati e istruzioni durante l'elaborazione. I registri sono essenziali perché l'accesso alla memoria principale (RAM) è molto più lento rispetto all'esecuzione delle operazioni all'interno della CPU. Utilizzando i registri, la CPU può lavorare con i dati più frequentemente utilizzati senza dover attendere i tempi della RAM. Esistono diversi tipi di registri, tra cui:

  - **Registro di Dati:** Usato per immagazzinare operandi e risultati intermedi.

  - **Registro di Indirizzi:** Usato per immagazzinare indirizzi di memoria.

  - **Contatore di Programma (Program Counter - PC) o Instruction Pointer (IP):** Contiene l'indirizzo della prossima istruzione da eseguire.

  - **Registro Istruzioni (Instruction Register - IR):** Contiene l'istruzione corrente che è stata prelevata e sta per essere decodificata ed eseguita.

  - **Registro di Stato (Flag Register):** Contiene bit che indicano lo stato dell'ultima operazione (es. risultato zero, riporto, overflow).

Oltre a questi tre blocchi principali, i processori moderni includono anche:

- **Cache:** Una gerarchia di memorie ultraveloci (L1, L2, L3) che memorizzano copie di dati dalla RAM a cui la CPU potrebbe aver bisogno di accedere rapidamente, riducendo i "tempi morti" dovuti all'attesa della memoria principale.

- **Unità di Gestione della Memoria (Memory Management Unit - MMU):** Traduce gli indirizzi di memoria virtuali (utilizzati dai programmi) in indirizzi fisici (utilizzati dall'hardware), gestendo anche la protezione della memoria e il paging.

- **Unità a Virgola Mobile (Floating Point Unit - FPU) o Coprocessore Matematico:** Un'unità specializzata nell'esecuzione di operazioni con numeri a virgola mobile, essenziale per calcoli scientifici, grafica 3D e applicazioni multimediali. Nelle CPU moderne, l'FPU è integrata nel processore.

1.3. Il Ciclo di Esecuzione delle Istruzioni (Fetch-Decode-Execute Cycle)

Il funzionamento di base di ogni processore può essere descritto attraverso un ciclo ripetitivo e fondamentale, noto come "ciclo di fetch-decode-execute" (o ciclo istruzioni). Questo ciclo è la sequenza di passi che una CPU segue per eseguire ogni singola istruzione di un programma.

1. **Fetch (Prelievo):**

   - La CPU preleva (fetch) l'istruzione successiva da eseguire dalla memoria principale (RAM).

   - L'indirizzo di questa istruzione è contenuto nel Contatore di Programma (Program Counter - PC).

   - L'istruzione viene copiata dal suo indirizzo di memoria nel Registro Istruzioni (Instruction Register - IR) all'interno della CPU.

   - Contemporaneamente, il PC viene aggiornato per puntare all'indirizzo dell'istruzione successiva (tipicamente incrementato della dimensione dell'istruzione appena prelevata).

2. **Decode (Decodifica):**

   - L'Unità di Controllo (CU) decodifica l'istruzione contenuta nel Registro Istruzioni. Questo significa interpretare il codice operativo (opcode) dell'istruzione per determinare quale operazione deve essere eseguita (es. addizione, spostamento dati) e quali operandi (dati su cui operare) sono coinvolti.

   - La CU identifica anche le modalità di indirizzamento degli operandi, cioè come recuperare i dati necessari (se sono in un registro, in memoria, o parte dell'istruzione stessa).

3. **Execute (Esecuzione):**

   - L'Unità di Controllo genera i segnali necessari per eseguire l'operazione decodificata.

   - Se l'operazione è aritmetica o logica, gli operandi vengono inviati all'ALU. L'ALU esegue l'operazione e il risultato viene scritto in un registro o in memoria.

   - Se l'operazione è un trasferimento dati, i dati vengono spostati tra registri o tra registri e memoria.

- Se l'operazione è un'istruzione di controllo del flusso (es. un salto condizionale), il PC può essere modificato per puntare a una nuova sequenza di istruzioni, alterando il flusso lineare del programma.

- Durante l'esecuzione, il Registro di Stato (Flag Register) viene aggiornato per riflettere lo stato del risultato (es. se il risultato è zero, negativo, ecc.).

Questo ciclo si ripete miliardi di volte al secondo nei processori moderni, permettendo l'esecuzione di programmi complessi. L'efficienza con cui questo ciclo viene gestito è un fattore chiave per le prestazioni del processore.

1.4. Fattori che Influenzano le Prestazioni del Processore

Le prestazioni di un processore non dipendono da un singolo fattore, ma da un'interazione complessa di diverse caratteristiche architetturali e tecnologiche.

- **Frequenza di Clock (Clock Speed):** Misurata in Hertz (Hz), solitamente in Gigahertz (GHz), indica quanti cicli di clock la CPU può eseguire al secondo. Un ciclo di clock è l'unità di tempo fondamentale per la CPU. Maggiore è la frequenza di clock, più istruzioni possono essere elaborate in un dato intervallo di tempo, a parità di altre condizioni. Tuttavia, non è l'unico fattore: un processore con una frequenza di clock inferiore ma un'architettura più efficiente può superare uno con clock più alto.

- **IPC (Instructions Per Cycle):** Il numero di istruzioni che un processore può eseguire in un singolo ciclo di clock. L'IPC è un indicatore dell'efficienza architetturale. Processori con pipeline più lunghe e complesse, predizione dei salti avanzata e capacità superscalari (eseguire più istruzioni contemporaneamente) tendono ad avere un IPC più elevato.

- **Numero di Core:** I processori moderni sono quasi tutti multi-core, il che significa che contengono più CPU complete (core) sullo stesso chip. Ogni core può eseguire un thread (una sequenza di istruzioni) indipendentemente dagli altri, consentendo l'elaborazione parallela e migliorando le prestazioni in applicazioni multi-threaded. Un processore dual-core ha due core, un quad-core ne ha quattro, e così via.

- **Tecnologia Hyper-Threading (Intel):** Una tecnologia proprietaria di Intel che permette a ciascun core fisico di gestire due thread contemporaneamente, simulando la presenza di core logici aggiuntivi. Non raddoppia le prestazioni come un core fisico aggiuntivo, ma può migliorare l'utilizzo delle risorse del core quando un thread è in attesa.

- **Dimensione e Velocità della Cache:** La quantità e la velocità della memoria cache (L1, L2, L3) influenzano drasticamente le prestazioni. Una cache più grande e più veloce riduce il numero di volte che la CPU deve accedere alla RAM, che è molto più lenta.

- **Set di Istruzioni:** I processori supportano diversi set di istruzioni (ISA - Instruction Set Architecture). L'architettura x86, e la sua estensione x86-64, è la più diffusa per i PC. Le estensioni come MMX, SSE, AVX aggiungono istruzioni specializzate per l'elaborazione di dati multimediali e calcoli vettoriali, accelerando applicazioni specifiche.

- **Processo di Fabbricazione (Node Size):** Misurato in nanometri (nm), indica la dimensione minima delle caratteristiche che possono essere stampate su un chip. Un processo più piccolo (es. 7nm, 5nm) permette di integrare più transistor in una data area, portando a processori più potenti, più efficienti dal punto di vista energetico e con meno calore generato.

1.5. L'Interazione del Processore con il Resto del Sistema

Il processore non opera in isolamento; è parte di un ecosistema più ampio e interagisce costantemente con altre componenti hardware cruciali.

- **Memoria RAM (Random Access Memory):** La RAM è la memoria di lavoro del computer, dove vengono caricati i programmi e i dati con cui il processore sta operando. Il processore preleva le istruzioni e i dati dalla RAM e scrive i risultati delle elaborazioni nella RAM. La velocità della RAM e la larghezza di banda del canale di memoria sono fondamentali.

- **Scheda Madre (Motherboard):** È il circuito stampato principale che collega tutte le componenti del computer, inclusa la CPU. Contiene il socket per il processore, gli slot per la RAM, i connettori per le periferiche e il chipset, che funge da "ponte" tra il processore e il resto dei componenti.

- **Chipset:** Tradizionalmente diviso in Northbridge (gestiva la comunicazione ad alta velocità tra CPU, RAM e scheda grafica) e Southbridge (gestiva i dispositivi più lenti come hard disk, USB, audio). Nei processori moderni Intel, molte funzionalità del Northbridge (come il controller di memoria e il controller PCIe per la grafica) sono state integrate direttamente nella CPU, mentre il Southbridge è stato sostituito da un singolo PCH (Platform Controller Hub).

- **Bus di Sistema:** Un insieme di cavi e circuiti che permettono la comunicazione tra le varie componenti. Esistono diversi tipi di bus:

    - **Bus Dati:** Trasporta i dati tra il processore, la memoria e le periferiche.

    - **Bus Indirizzi:** Trasporta gli indirizzi di memoria o I/O, indicando dove leggere o scrivere i dati.

    - **Bus di Controllo:** Trasporta i segnali di controllo che sincronizzano e gestiscono le operazioni (es. segnali di lettura/scrittura, segnali di clock).

- **Dispositivi di Archiviazione (SSD/HDD):** Dove i programmi e i dati sono memorizzati in modo persistente. Quando un programma viene avviato, viene caricato dai dispositivi di archiviazione nella RAM, da cui la CPU può accedervi.

- **Scheda Grafica (GPU):** Inizialmente, era una componente separata, ma ora molte CPU Intel integrano una GPU (Integrated Graphics Processing Unit - iGPU). Le GPU sono specializzate nell'elaborazione parallela di dati grafici e, in alcuni casi, possono essere utilizzate anche per calcoli generici (GPGPU - General-Purpose computing on Graphics Processing Units).

1.6. Dal Processore al Microprocessore: L'Evoluzione

Il concetto di "processore" è nato con i primi computer elettronici. Le prime CPU erano costituite da migliaia di valvole termoioniche e poi da transistor discreti, occupando intere stanze. L'avvento del **circuito integrato (IC - Integrated Circuit)**, inventato in modo indipendente da Jack Kilby (Texas Instruments) e Robert Noyce (Fairchild Semiconductor) alla fine degli anni '50, ha rivoluzionato l'elettronica. Il circuito integrato ha permesso di mettere più transistor su un singolo "chip" di silicio.

Il passo successivo, e il più significativo per la storia del processore come lo conosciamo oggi, è stato l'invenzione del **microprocessore**. Un microprocessore è una CPU che è stata implementata su un singolo chip di silicio. Ciò è stato reso possibile dalla miniaturizzazione dei transistor e dalle tecniche di fabbricazione sempre più avanzate. L'Intel 4004, rilasciato nel 1971, è ampiamente riconosciuto come il primo microprocessore commerciale al mondo, segnando l'inizio dell'era dei computer personali e del computing distribuito.

L'evoluzione dal processore monolitico a un solo chip ha aperto la strada alla potenza di calcolo che oggi diamo per scontata, permettendo l'integrazione di miliardi di transistor in un'area di pochi millimetri quadrati. Ogni transistor agisce come un interruttore piccolissimo che può essere acceso o spento, rappresentando i bit (0 e 1) che sono il linguaggio fondamentale dell'informatica. La capacità di controllare e commutare questi miliardi di interruttori in un ordine preciso e a velocità incredibili è ciò che permette al processore di eseguire calcoli complessi e di dare vita ai nostri software.

Conclusione: Un Fondamento Essenziale

Il processore è, senza dubbio, il componente più complesso e affascinante di un sistema informatico. La sua capacità di prelevare, decodificare ed eseguire istruzioni a velocità inaudite, coordinando tutte le altre componenti, è il pilastro su cui si basa tutta l'era digitale. Abbiamo esplorato la sua definizione, le sue componenti chiave (CU, ALU, Registri), il ciclo di esecuzione delle istruzioni e i fattori che ne determinano le prestazioni, oltre alla sua interazione con il resto del sistema.

Comprendere questi concetti fondamentali è cruciale non solo per gli studenti di informatica, ma per chiunque voglia avere una conoscenza approfondita del funzionamento del mondo digitale. Questo capitolo ha gettato le basi per i prossimi, in cui approfondiremo la storia specifica dei processori Intel, le loro architetture uniche e le innovazioni che hanno plasmato il settore per decenni. Il viaggio è appena iniziato.

Il microprocessore ha democratizzato l'informatica, rendendo possibile la creazione di computer personali che hanno portato la potenza di calcolo nelle case e negli uffici di tutto il mondo.

2.6. L'Impatto del Microprocessore sulla Società

L'invenzione del microprocessore non è stata solo una prodezza ingegneristica; ha scatenato una rivoluzione tecnologica e sociale senza precedenti.

- **Il Computer Personale (PC):** Il microprocessore ha reso i computer abbastanza piccoli ed economici da poter essere acquistati da singoli individui. Questo ha portato alla nascita del

PC negli anni '70 e '80, con aziende come Apple, Commodore e, successivamente, IBM con il suo PC, che utilizzava l'Intel 8088. Il PC ha trasformato la produttività, l'istruzione e l'intrattenimento.

- **L'Elettronica di Consumo:** Oltre ai PC, i microprocessori sono diventati il cervello di una miriade di dispositivi elettronici di consumo: console per videogiochi, calcolatrici avanzate, lavatrici, forni a microonde, automobili e, più recentemente, smartphone e tablet. Hanno abilitato l'era dell'elettronica intelligente e interconnessa.

- **Internet e la Connettività:** La potenza di calcolo accessibile fornita dai microprocessori ha reso possibile lo sviluppo di reti globali e di internet. I server che alimentano il web sono basati su microprocessori, e i dispositivi che utilizziamo per accedervi anche.

- **Progressi Scientifici e Industriali:** In ogni campo, dalla medicina all'ingegneria, dalla ricerca scientifica alla manifattura, i microprocessori hanno accelerato i progressi. Simulazioni complesse, analisi di dati massicci e automazione industriale sarebbero impossibili senza di essi.

Conclusione: Dalla Teoria al Chip che Cambia il Mondo

La storia dell'informatica è una progressione lineare dalla logica astratta di Babbage e Turing alla realizzazione fisica di Kilby e Noyce, culminata con l'integrazione completa della CPU su un singolo chip. Il microprocessore, in particolare l'Intel 4004, ha rappresentato un'invenzione fondamentale che ha catalizzato l'intero settore tecnologico, portando a una crescita esponenziale della potenza di calcolo e alla diffusione pervasiva dell'informatica in ogni aspetto della vita moderna. Senza i giganti che hanno posto le basi, l'era digitale che viviamo oggi sarebbe impensabile.

Questo contesto storico ci prepara ora a esplorare l'era precedente a Intel, per capire le tecnologie da cui Intel ha preso le mosse, e poi a concentrarci specificamente sulla genesi e l'evoluzione dei processori Intel, che sono diventati sinonimo di innovazione e prestazioni nel mondo dei microprocessori.

Parte I: Fondamenti di Architettura dei Processori

Sezione 1: Concetti Base e Storia

Capitolo 3: L'Era Pre-Intel: Dalle Valvole ai Transistor

Introduzione: Il Lungo Addio ai Giganti Caldi e la Nascita di un'Era Piccola e Fredda

Prima che Intel emergesse come un gigante nel settore dei semiconduttori, il mondo dell'elettronica digitale e del calcolo era dominato da tecnologie molto diverse, caratterizzate da dimensioni imponenti, elevato consumo energetico e un calore considerevole. L'era pre-Intel, in questo contesto specifico, si riferisce principalmente al periodo in cui i componenti attivi per l'elaborazione del segnale e il calcolo erano le valvole termoioniche (o tubi a vuoto) e, successivamente, i transistor discreti. Comprendere queste tecnologie è fondamentale per apprezzare la rivoluzione che il circuito integrato e, in particolare, il microprocessore su un singolo chip hanno portato.

Questo capitolo esplorerà in dettaglio il funzionamento, i vantaggi e i limiti delle valvole termoioniche e l'innovazione trasformativa introdotta dai transistor. Vedremo come il passaggio da un'era all'altra non sia stato solo un cambio di componente, ma una vera e propria metamorfosi che ha ridefinito i limiti di ciò che era possibile in termini di potenza di calcolo, dimensioni, affidabilità e costi, ponendo le basi per l'imminente era dei microprocessori.

3.1. Le Valvole Termoioniche: I Giganti Pionieri del Calcolo Elettronico

Le valvole termoioniche, note anche come tubi a vuoto, sono state i componenti attivi fondamentali per l'elettronica dalla loro invenzione all'inizio del XX secolo fino alla metà degli anni '50. Hanno reso possibili le prime radio, i televisori, gli amplificatori e, cruciale per la nostra storia, i primi computer elettronici.

3.1.1. Funzionamento di una Valvola Termoionica
Una valvola termoionica è essenzialmente un dispositivo che controlla il flusso di elettroni in un ambiente sottovuoto. Le sue componenti principali sono:

- Catodo: Un filamento riscaldato che emette elettroni (per effetto termoionico).
- Anodo (o Piatto): Un elettrodo che attira gli elettroni emessi dal catodo, creando una corrente.
- Griglia di Controllo: Uno o più elettrodi posti tra catodo e anodo. Applicando una piccola tensione alla griglia, è possibile controllare il flusso di elettroni dal catodo all'anodo. Una tensione negativa sulla griglia può bloccare quasi completamente il flusso, mentre una tensione meno negativa o positiva lo aumenta.

Questo meccanismo permetteva alle valvole di agire come interruttori elettronici (essenziali per il calcolo digitale, rappresentando 0 e 1) e come amplificatori di segnale (fondamentali per l'elettronica analogica).

3.1.2. Applicazioni nei Primi Computer
I primi computer elettronici, come l'ENIAC (Electronic Numerical Integrator and Computer), facevano un uso massiccio delle valvole termoioniche. L'ENIAC, ad esempio, conteneva circa 17.468 valvole, oltre a 7.200 diodi, 1.500 relè e centinaia di migliaia di resistori e condensatori. Ogni valvola agiva come un bit logico o come un'unità di controllo in un circuito.

3.1.3. Vantaggi e Svantaggi delle Valvole
Vantaggi:

- Pionierismo: Erano l'unica tecnologia disponibile all'epoca per costruire circuiti di calcolo elettronici.
- Velocità: Molto più veloci dei relè elettromeccanici, permettendo calcoli a velocità prima impensabili.
- Amplificazione del Segnale: Ottime per applicazioni analogiche che richiedevano amplificazione.

Svantaggi:

- Dimensioni: Erano fisicamente grandi, rendendo i computer ingombranti, spesso delle dimensioni di intere stanze.
- Consumo Energetico Elevato: Richiedevano una notevole quantità di energia per riscaldare i filamenti e far funzionare i circuiti. L'ENIAC consumava circa 150 kW, abbastanza per alimentare un piccolo villaggio.
- Generazione di Calore: L'elevato consumo energetico si traduceva in una massiccia generazione di calore, richiedendo complessi sistemi di raffreddamento e limitando l'integrazione di più valvole in uno spazio ristretto.
- Affidabilità: Le valvole avevano una vita operativa limitata. I filamenti potevano bruciarsi, il vuoto poteva venire meno e altre parti potevano guastarsi frequentemente, portando a costanti manutenzioni e tempi di inattività ("downtime"). Era comune che più valvole si guastassero ogni giorno in un computer come l'ENIAC.
- Costo: La produzione e la manutenzione erano costose.
- Fragilità: Erano componenti in vetro e quindi fisicamente fragili.

Questi svantaggi rappresentavano un limite intrinseco alla scala e alla diffusione dell'informatica. Per progredire, era necessaria una tecnologia radicalmente diversa.

3.2. L'Alba di una Nuova Era: L'Invenzione del Transistor

La svolta che avrebbe superato i limiti delle valvole termoioniche arrivò nel 1947 con l'invenzione del transistor presso i Bell Telephone Laboratories. Questa invenzione è considerata una delle più significative del XX secolo.

3.2.1. L'Invenzione e i Suoi Padri
John Bardeen, Walter Brattain e William Shockley furono i principali artefici di questa scoperta epocale. Stavano lavorando sulla conduzione nei semiconduttori, materiali che conducono elettricità meglio degli isolanti ma non così bene come i conduttori, e scoprirono come controllare il flusso di corrente in questi materiali. Il loro primo dispositivo, il "transistor a contatto puntiforme", fu dimostrato il 23 dicembre 1947. Per questa invenzione, i tre condivisero il Premio Nobel per la Fisica nel 1956.

3.2.2. Funzionamento di Base del Transistor BJT (Bipolar Junction Transistor)
Il tipo di transistor più comune per decenni fu il BJT (Bipolar Junction Transistor). Sebbene oggi i microprocessori utilizzino principalmente i MOSFET (Metal-Oxide-Semiconductor Field-Effect Transistor), i principi di base del transistor come interruttore o amplificatore sono gli stessi. Un transistor ha tre terminali:

- Base (o Gate per i MOSFET): Controlla il flusso di corrente.
- Collettore (o Drain): Da cui la corrente entra (o esce).
- Emettitore (o Source): Da cui la corrente esce (o entra).

In un transistor, una piccola corrente (o tensione, nei MOSFET) applicata alla base può controllare una corrente molto più grande tra il collettore e l'emettitore. Questo significa che può agire come:

•Interruttore: Se la corrente sulla base è sufficiente, il transistor si accende (conduce), altrimenti è spento (non conduce). Questo è il suo ruolo fondamentale nel calcolo digitale (0 e 1).

•Amplificatore: Una piccola variazione di corrente sulla base può causare una grande variazione di corrente tra collettore ed emettitore, amplificando il segnale.

3.2.3. Vantaggi Rivoluzionari del Transistor rispetto alla Valvola

L'adozione dei transistor ha segnato l'inizio della seconda generazione di computer e ha offerto vantaggi straordinari rispetto alle valvole termoioniche:

•Dimensioni Ridottissime: Un singolo transistor era infinitamente più piccolo di una valvola. Questo ha permesso di ridurre drasticamente le dimensioni dei circuiti.

•Consumo Energetico Estremamente Basso: I transistor non richiedono un filamento caldo, consumando molta meno energia e riducendo significativamente la generazione di calore. Questo li ha resi ideali per l'integrazione su larga scala.

•Affidabilità Elevata: Essendo dispositivi a stato solido, i transistor non hanno parti mobili, non si bruciano come i filamenti delle valvole e sono intrinsecamente molto più robusti e longevi. La loro affidabilità ha contribuito a ridurre enormemente i tassi di guasto dei computer.

•Costo Inferiore: Una volta avviata la produzione di massa, i transistor sono diventati molto più economici delle valvole.

•Resistenza Meccanica: Sono dispositivi solidi e molto più resistenti agli urti e alle vibrazioni rispetto alle valvole di vetro.

3.3. Dai Transistor Discreti ai Circuiti Integrati: Il Vero Cambiamento

Nonostante i vantaggi dei transistor, la costruzione di circuiti complessi utilizzando transistor "discreti" (singoli transistor saldati su un circuito stampato) rimaneva un processo laborioso, costoso e suscettibile a errori. La vera rivoluzione nella miniaturizzazione e complessità è arrivata con il circuito integrato.

3.3.1. Il Concetto di Circuito Integrato (IC)

L'idea era di fabbricare non solo un singolo transistor, ma un intero circuito elettronico (composto da transistor, resistori, condensatori, diodi) su un singolo pezzetto di materiale semiconduttore, tipicamente silicio. Ciò eliminava la necessità di assemblare manualmente i singoli componenti.

•Jack Kilby (Texas Instruments, 1958): Kilby è accreditato di aver creato il primo prototipo di circuito integrato. Il suo chip era un oscillatore con un transistor e alcuni resistori e condensatori, tutti fabbricati sullo stesso pezzo di germanio.

•Robert Noyce (Fairchild Semiconductor, 1959): Noyce, quasi contemporaneamente, sviluppò una soluzione più pratica e producibile in serie. La sua innovazione fu l'uso di connessioni metalliche stampate sul chip per interconnettere i componenti, e l'utilizzo del silicio, un materiale più promettente del germanio.

3.3.2. Le Fasi del Circuito Integrato

L'integrazione di transistor su un chip è progredita rapidamente attraverso diverse fasi:

- SSI (Small-Scale Integration - Anni '60): Pochi transistor (decine) su un chip, sufficienti per porte logiche singole (AND, OR, NOT).
- MSI (Medium-Scale Integration - Fine Anni '60): Centinaia di transistor, sufficienti per contatori, registri, multiplexer.
- LSI (Large-Scale Integration - Anni '70): Migliaia di transistor, consentendo la creazione di memorie, microcontrollori semplici e, cruciale, i primi microprocessori.
- VLSI (Very Large-Scale Integration - Anni '80): Decine di migliaia e poi milioni di transistor, permettendo processori a 32-bit, memorie DRAM e chip grafici complessi.
- ULSI (Ultra-Large-Scale Integration - Anni '90 in poi): Milioni e miliardi di transistor, portando ai processori multi-core e alle architetture moderne.

3.3.3. L'Impatto dei Circuiti Integrati

I circuiti integrati hanno rappresentato il salto di qualità definitivo:

- Miniaturizzazione Estrema: Hanno permesso la creazione di elettronica incredibilmente piccola.
- Affidabilità Superiore: Le connessioni interne al chip sono molto più affidabili delle saldature tra componenti discreti.
- Costi Ridotti: Sebbene il design e la fabbricazione di un IC siano complessi, la produzione di massa ha portato a costi unitari estremamente bassi.
- Aumento della Velocità: Riducendo le distanze tra i componenti, i segnali potevano viaggiare più velocemente.

L'integrazione su larga scala dei transistor, resa possibile dalla tecnologia IC, è stata la condizione necessaria per la nascita del microprocessore. Senza IC, i primi microprocessori come l'Intel 4004 non avrebbero potuto essere realizzati su un singolo chip.

3.4. Il Contesto Pre-Intel: Le Aziende e il Mercato

Nel periodo tra l'invenzione del transistor e la nascita di Intel (anni '50 e '60), il mercato dei semiconduttori era in crescita, ma ancora in una fase relativamente nascente. Aziende come Texas Instruments, Fairchild Semiconductor, Motorola, RCA erano i principali attori. L'industria era focalizzata sulla produzione di transistor discreti e IC a piccola e media scala per l'elettronica militare, spaziale e industriale.

I computer di questa era, spesso grandi e costosi mainframe, utilizzavano migliaia di IC per le loro CPU e memorie. La programmazione era complessa e accessibile solo a specialisti. Non esisteva ancora il concetto di un "cervello su un chip" che potesse essere prodotto in serie per una vasta gamma di applicazioni, in particolare quelle di consumo.

Conclusione: Un Mondo Pronto per la Rivoluzione del Microprocessore

L'evoluzione dall'era delle valvole termoioniche ai transistor discreti e poi ai circuiti integrati è una storia di continua miniaturizzazione, efficienza e aumento di complessità. Ogni innovazione ha superato i limiti della precedente, aprendo nuove possibilità. Le valvole, pur essendo pionieristiche, erano intrinsecamente ingombranti, inefficienti e inaffidabili. I transistor hanno risolto questi problemi, ma la vera esplosione di potenza è arrivata con la capacità di integrare migliaia e poi milioni di transistor su un singolo pezzo di silicio.

Questo progresso tecnologico ha creato il terreno fertile per una nuova era. Con i circuiti integrati che permettevano densità sempre maggiori, l'idea di mettere un'intera CPU su un singolo chip non era più fantascienza, ma una possibilità concreta. Questo è esattamente lo scenario in cui Intel, fondata da visionari che avevano partecipato a questa rivoluzione dei semiconduttori, si apprestava a fare il suo ingresso trionfale, cambiando per sempre il volto dell'informatica. Il prossimo capitolo ci porterà direttamente a quel momento cruciale: la nascita di Intel e il rivoluzionario processore 4004.

Parte I: Fondamenti di Architettura dei Processori

Sezione 1: Concetti Base e Storia

Capitolo 4: La Nascita di Intel e il Processore 4004

Introduzione: Dalla Visione al Silicio: Come un'Idea ha Cambiato il Mondo

La storia del microprocessore, e di conseguenza dell'informatica moderna, non può essere raccontata senza un capitolo dedicato alla nascita di Intel Corporation e, in particolare, alla creazione del suo primo prodotto iconico: il processore 4004. Questo chip, sebbene oggi possa sembrare primitivo, ha rappresentato una svolta epocale, non solo per la sua innovazione tecnologica, ma per aver dimostrato al mondo che un'intera Central Processing Unit potesse essere contenuta su un singolo pezzo di silicio. Fu un'idea che, all'epoca, pochi credevano possibile o persino utile.

Questo capitolo esplorerà le origini di Intel, i suoi fondatori visionari, il contesto che portò allo sviluppo del 4004 e, in dettaglio, le sue caratteristiche tecniche e l'impatto rivoluzionario che ebbe sull'industria. Capire il 4004 significa comprendere l'inizio di una dinastia tecnologica che ha plasmato il panorama digitale per oltre mezzo secolo.

4.1. La Fondazione di Intel: Una "Startup" di Scienziati

Intel Corporation (inizialmente NM Electronics, poi abbreviata in Intel, acronimo di Integrated Electronics) fu fondata nel luglio 1968 da Robert Noyce e Gordon Moore, due ingegneri di spicco che avevano lasciato Fairchild Semiconductor, una delle aziende pioniere nel settore dei semiconduttori. A loro si unì presto Andrew Grove, un esperto di gestione e produzione, proveniente anch'egli da Fairchild. Questo trio leggendario è spesso descritto come il motore dietro il successo iniziale di Intel.

4.1.1. Robert Noyce: Il "Sindaco di Silicon Valley"
Noyce era un fisico e co-inventore del circuito integrato. Era un visionario con un'innata capacità di leadership e una profonda comprensione del potenziale dei semiconduttori. La sua visione di integrare più funzioni su un singolo chip fu fondamentale.

4.1.2. Gordon Moore: Il Profeta della "Legge di Moore"

Moore era un chimico e fisico che aveva formulato la celebre "Legge di Moore", prevedendo il raddoppio dei transistor su un chip ogni due anni. La sua capacità di proiettare il futuro della tecnologia dei semiconduttori divenne la guida strategica di Intel.

4.1.3. Andrew Grove: Il Maestro dell'Esecuzione

Grove, un ingegnere chimico ungherese emigrato negli Stati Uniti, fu cruciale per trasformare le idee visionarie di Noyce e Moore in prodotti reali. La sua rigorosa disciplina nella gestione e nella produzione contribuì a rendere Intel un'azienda efficiente e di successo.

4.1.4. La Visione Iniziale di Intel: Memorie Semiconduttore

Inizialmente, l'obiettivo principale di Intel non era la produzione di processori, bensì lo sviluppo e la produzione di memorie a semiconduttore. All'epoca, la memoria principale per i computer era ancora basata su "core di ferrite", una tecnologia lenta e ingombrante. Noyce e Moore credevano fermamente che le memorie a semiconduttore, in particolare le RAM dinamiche (DRAM), avrebbero sostituito le memorie a ferrite, offrendo maggiore velocità, dimensioni ridotte e costi inferiori. Intel divenne rapidamente un leader in questo settore. Questa esperienza nella fabbricazione di chip complessi per la memoria sarebbe stata cruciale per il successivo sviluppo del microprocessore.

4.2. Il Contesto che ha Portato al 4004: La Calcolatrice Busicom

La storia del 4004 è un classico esempio di come una commissione specifica possa generare un'innovazione che trascende il suo scopo originale.

4.2.1. La Richiesta di Busicom

Nel 1969, una piccola azienda giapponese di calcolatrici, Busicom, si rivolse a Intel. Avevano bisogno di un set di 12 chip personalizzati per una nuova linea di calcolatrici elettroniche ad alte prestazioni. Il loro design originale richiedeva troppi chip discreti, rendendo le calcolatrici troppo costose e complesse da produrre.

4.2.2. Il Ruolo di Marcian "Ted" Hoff

Marcian "Ted" Hoff, un ingegnere di Intel, fu incaricato di esaminare la proposta di Busicom. Si rese conto che il design a 12 chip di Busicom era inefficiente e che il problema non era la logica complessa delle calcolatrici, ma il modo in cui veniva implementata. Invece di creare un chip per ogni funzione specifica (come farebbe una calcolatrice), Hoff propose un approccio più generalizzato: un "processore universale" programmabile che potesse eseguire diverse funzioni semplicemente caricando software diversi. Questa intuizione, di un chip che potesse essere "istruito" a fare quasi tutto, fu il germe del microprocessore.

4.2.3. Federico Faggin: Il Genio del Design del Chip

Nonostante l'idea brillante di Hoff, la realizzazione di un tale chip era una sfida ingegneristica enorme. La tecnologia di fabbricazione dell'epoca (processo a 10 micron, PMOS) era limitata. Qui entrò in gioco Federico Faggin, un ingegnere italiano di talento che Intel aveva assunto da Fairchild Semiconductor nel 1970. Faggin era un esperto nel design di circuiti integrati MOS (Metal-Oxide-Semiconductor) e aveva sviluppato la tecnologia "Silicon Gate" a Fairchild, che era cruciale per creare chip più veloci e densi.

Architettura e Programmazione dei Processori Intel: Una Guida Completa per Universitari

Faggin non solo affinò l'architettura proposta da Hoff e Stanley Mazor, ma sviluppò una metodologia di design completamente nuova e un set di strumenti per realizzare il 4004. Fu lui a guidare il team di progettazione e a trasformare un'idea concettuale in un prodotto fisico funzionante. La sua metodologia di "random logic design" e l'uso intensivo della tecnologia Silicon Gate furono fondamentali per la realizzazione pratica del 4004 su un singolo chip.

4.3. L'Intel 4004: Architettura e Caratteristiche

Il 15 novembre 1971, Intel rilasciò il 4004, il primo microprocessore commerciale monolitico al mondo.

4.3.1. Specifiche Tecniche Chiave:

- •Architettura a 4-bit: Il 4004 operava su parole di dati di 4 bit. Questo significava che poteva elaborare numeri in gruppi di 4 bit alla volta. Questo era sufficiente per le calcolatrici, che lavoravano con cifre decimali codificate in BCD (Binary-Coded Decimal), dove ogni cifra decimale richiede 4 bit.
- •Numero di Transistor: Circa 2.300 transistor, un numero incredibilmente basso rispetto ai miliardi dei processori moderni, ma un traguardo per l'epoca.
- •Velocità di Clock: Fino a 740 kHz (chilohertz), ovvero 740.000 cicli al secondo.
- •Prestazioni: Era in grado di eseguire circa 60.000 istruzioni al secondo (IPS).
- •Processo di Fabbricazione: Realizzato con un processo PMOS (P-channel Metal-Oxide-Semiconductor) a 10 micrometri (µm).
- •Memoria Indirizzabile: Poteva indirizzare 4 KB (kilobyte) di memoria programma e 640 byte di memoria dati.
- •Pin: Aveva 16 pin, il che limitava la sua capacità di indirizzare direttamente grandi quantità di memoria o I/O.
- •Set di Istruzioni: Un set di 46 istruzioni.

4.3.2. Le Componenti Principali del 4004:
Nonostante le sue dimensioni, il 4004 conteneva già le componenti fondamentali di un processore:

- •ALU (Arithmetic Logic Unit): Per le operazioni aritmetiche e logiche.
- •Registri: Un banco di 16 registri a 4 bit per l'archiviazione temporanea dei dati.
- •Contatore di Programma (Program Counter - PC): Per tenere traccia della prossima istruzione.
- •Decodificatore Istruzioni: Per interpretare gli opcode delle istruzioni.
- •Circuito di Controllo: Per orchestrare le operazioni.
- •Stack Pointer: Per gestire lo stack di chiamate per le subroutine.

4.3.3. Il Set di Chip MCS-4 (Micro Computer System):
Il 4004 non era un chip solitario. Era parte di una famiglia di quattro chip che formavano un sistema completo:

- •4001: Memoria ROM (Read-Only Memory) da 256 byte e porte di I/O.

- •4002: Memoria RAM (Random Access Memory) da 80 nibble (un nibble è 4 bit) e porte di output.
- •4003: Registro di spostamento (Shift Register) per espandere le capacità di I/O.
- •4004: La CPU stessa.

Questo set di chip, noto come MCS-4, forniva tutti gli elementi necessari per costruire un piccolo "microcomputer", il che era rivoluzionario.

4.4. L'Impatto e la Rivoluzione del 4004

L'Intel 4004, inizialmente sviluppato per Busicom, non ottenne subito un successo commerciale travolgente, ma il suo vero impatto fu concettuale e strategico.

4.4.1. La Svolta Strategica di Intel:
Inizialmente, Busicom aveva l'esclusiva sul 4004. Tuttavia, quando Busicom si trovò in difficoltà finanziarie, Intel riacquistò i diritti di marketing per il 4004. Questa fu una decisione cruciale che permise a Intel di commercializzare il 4004 come un prodotto general-purpose per un pubblico più ampio. Fu allora che Intel realizzò il vero potenziale del microprocessore. Il claim pubblicitario "Inventors of the Microcomputer" di Intel era una chiara indicazione di dove l'azienda vedeva il suo futuro.

4.4.2. La Democratizzazione del Computing:
Il 4004 dimostrò che era possibile creare un "computer su un chip" (o quasi). Questo apriva la strada a:

- •Costruzioni più semplici: Invece di progettare complessi circuiti logici personalizzati per ogni applicazione, gli ingegneri potevano ora utilizzare un singolo chip programmabile e modificarne il comportamento tramite software.
- •Riduzione dei costi: La produzione di massa di un chip standardizzato era molto più economica che la produzione di molti chip personalizzati.
- •Nuove applicazioni: Il 4004 trovò impiego in una varietà di applicazioni oltre le calcolatrici, inclusi semafori, sistemi di controllo industriale e, soprattutto, i primi kit per gli hobbisti e i pionieri dei computer personali.

4.4.3. Il Precursore dei Processori x86:
Sebbene l'architettura del 4004 fosse molto diversa dalle architetture x86 successive, stabilì il modello di business e il know-how che avrebbero portato alla supremazia di Intel. Dimostrò l'importanza dell'integrazione, della programmabilità e della general-purpose computing su un singolo chip. Il successo del 4004 aprì la strada alla creazione di processori più potenti e complessi, come l'8008 e l'8080, che avrebbero poi condotto all'architettura x86.

4.5. Il Contributo dei Pionieri

È importante riconoscere i contributi individuali che hanno reso possibile il 4004:

- •Marcian Hoff: L'idea architetturale del microprocessore general-purpose.
- •Stanley Mazor: Collaboratore nell'architettura e nella definizione del set di istruzioni.

- •Federico Faggin: Il capo progettista e responsabile della metodologia di design che ha reso il 4004 un chip reale e funzionante. Il suo utilizzo della tecnologia Silicon Gate e la sua leadership furono decisivi. A lui si deve anche il merito di aver ingegnerizzato la produzione del 4004.
- •Masatoshi Shima: L'ingegnere di Busicom che lavorò a stretto contatto con il team Intel e che in seguito avrebbe giocato un ruolo chiave nello sviluppo dell'8080.

Questi individui, con il supporto di Robert Noyce e Gordon Moore, non solo crearono un prodotto, ma inaugurarono un'industria completamente nuova.

Conclusione: L'Inizio di un Impero

L'Intel 4004 non è stato solo un microprocessore; è stato un simbolo dell'innovazione, un manifesto tecnologico che ha annunciato l'alba di una nuova era. La sua creazione da parte di Intel non solo ha posto l'azienda al centro della rivoluzione informatica, ma ha anche dimostrato il potenziale illimitato dell'integrazione su larga scala. Da quel modesto chip a 4 bit, con i suoi 2.300 transistor e 60.000 operazioni al secondo, l'umanità avrebbe intrapreso un viaggio che avrebbe portato a processori con miliardi di transistor, frequenze multi-gigahertz e capacità di calcolo sbalorditive.

Il 4004 fu il primo passo di Intel in un percorso di dominio tecnologico, un percorso che avrebbe visto l'azienda sviluppare l'architettura x86 e consolidare la sua posizione come il principale fornitore di processori per personal computer e server in tutto il mondo. Il prossimo capitolo esplorerà i successori diretti del 4004, l'8008 e l'8080, che hanno continuato a spingere i confini del possibile e a gettare le basi per la futura architettura x86.

Parte I: Fondamenti di Architettura dei Processori

Sezione 1: Concetti Base e Storia

Capitolo 5: Dal 8008 all'8080: I Primi Successi

Introduzione: Consolidare la Rivoluzione del Microprocessore

Dopo il successo concettuale e il rilascio dell'Intel 4004 nel 1971, divenne chiaro che il futuro dell'informatica passava attraverso i microprocessori. Tuttavia, il 4004, con la sua architettura a 4-bit e le sue limitazioni in termini di memoria e velocità, era più adatto a calcolatrici e sistemi di controllo semplici che a computer per scopi più generali. Il vero potenziale del microprocessore nel creare sistemi più versatili ed espandibili sarebbe emerso con i suoi successori a 8-bit: l'Intel 8008 e, soprattutto, l'Intel 8080.

Questo capitolo approfondirà lo sviluppo e l'importanza di questi due processori. Esamineremo come l'8008 abbia rappresentato un passo intermedio cruciale, pur con i suoi compromessi, e come l'8080 abbia perfezionato il concetto, diventando il primo microprocessore ampiamente adottato, il motore di molti dei primi computer personali e la base per l'intera dinastia x86. Comprendere questi primi successi è essenziale per tracciare la linea evolutiva che ha portato Intel alla sua posizione dominante.

Architettura e Programmazione dei Processori Intel: Una Guida Completa per Universitari

5.1. L'Intel 8008: Il Prossimo Passo nel Design a 8-bit (1972)

L'Intel 8008 fu introdotto nell'aprile del 1972, meno di un anno dopo il 4004. Anch'esso, curiosamente, nacque da una commissione esterna.

5.1.1. Le Origini: CTC e la Programmable Datapoint 2200
Nel 1969, la Computer Terminal Corporation (CTC, in seguito Datapoint Corporation) si rivolse a Intel e a Texas Instruments per chiedere un singolo chip a 8-bit per il terminale intelligente che stavano sviluppando, il Datapoint 2200. CTC aveva un proprio design per il set di istruzioni (ISA) e voleva che Intel lo implementasse su un chip.

Intel, guidata da Ted Hoff e Hal Feeney, accettò il compito. Il design era più complesso del 4004, richiedendo un'architettura a 8-bit e un set di istruzioni più robusto. Tuttavia, a causa delle limitazioni tecnologiche e di budget dell'epoca, Intel impiegò più tempo del previsto per consegnare il chip. Nel frattempo, CTC decise di costruire il Datapoint 2200 utilizzando una CPU basata su logica TTL (Transistor-Transistor Logic) discreta, in grado di emulare il set di istruzioni che avevano progettato. Ironia della sorte, il Datapoint 2200 fu un successo, e la sua architettura divenne la base indiretta per il set di istruzioni che avrebbe poi influenzato tutti i successivi processori Intel x86.

5.1.2. Architettura e Caratteristiche dell'8008:
Quando l'Intel 8008 fu finalmente completato, CTC non aveva più bisogno del chip. Intel, forte dell'esperienza con il 4004, decise di commercializzarlo come processore general-purpose a 8-bit.

- Architettura a 8-bit: Questa era la sua caratteristica più significativa. Poteva elaborare dati in gruppi di 8 bit (un byte), rendendolo molto più versatile per manipolare testo e dati rispetto ai 4 bit del 4004.
- Numero di Transistor: Circa 3.500 transistor, un aumento significativo rispetto ai 2.300 del 4004.
- Velocità di Clock: Inizialmente 500 kHz, poi 800 kHz.
- Memoria Indirizzabile: Poteva indirizzare fino a 16 KB di memoria, un grande miglioramento rispetto ai 4 KB del 4004, ma ancora limitato dall'interfaccia a 14 pin per l'indirizzamento.
- Pin: Aveva solo 18 pin. Questo era un problema, poiché l'indirizzo a 14 bit e il bus dati a 8 bit richiedevano più linee. Per ovviare a ciò, il bus dati e il bus indirizzi erano "multiplexati" (cioè, gli stessi pin venivano usati per scopi diversi in momenti diversi), rendendo il design del sistema molto più complesso e richiedendo molta logica di supporto esterna.
- Set di Istruzioni: Compatibile con il set di istruzioni progettato da CTC, che sarebbe diventato il precursore dell'ISA x86.

5.1.3. L'Impatto dell'8008:
L'8008 non fu un grande successo commerciale, in parte a causa della sua complessità d'uso dovuta al multiplexing dei pin. Tuttavia, fu un passo fondamentale:

- Confermò il Mercato: Dimostrò che c'era un mercato per processori general-purpose a 8-bit.

•Base per il Futuro: Il suo set di istruzioni divenne la base per l'8080 e, successivamente, per l'intera architettura x86, che avrebbe dominato l'industria per decenni.

•I Primi Hobbisti: Alcuni ingegneri e hobbisti audaci lo usarono per costruire i primi "microcomputer" amatoriali, gettando le basi per la rivoluzione del personal computer. Un esempio è il Mark-8, un kit di computer del 1974 basato sull'8008.

5.2. L'Intel 8080: La Rivoluzione a 8-bit (1974)

L'esperienza con il 4004 e l'8008 fornì a Intel le lezioni necessarie per creare il suo primo vero successo di massa nel campo dei microprocessori general-purpose: l'Intel 8080, lanciato nell'aprile del 1974.

5.2.1. Il Design e il Ruolo di Federico Faggin e Masatoshi Shima:
L'8080 fu progettato da un team guidato ancora una volta da Federico Faggin, il "padre" del 4004. Un ruolo cruciale fu svolto anche da Masatoshi Shima, l'ingegnere di Busicom che aveva collaborato al 4004 e che si era unito a Intel. L'obiettivo era superare le limitazioni dell'8008, in particolare il multiplexing del bus e l'esigenza di circuiti esterni complessi.

5.2.2. Architettura e Caratteristiche dell'8080:
L'8080 fu un netto miglioramento rispetto all'8008 in quasi ogni aspetto:

•Architettura a 8-bit: Mantenuta, con un set di registri più funzionale.

•Numero di Transistor: Circa 6.000 transistor, quasi il doppio dell'8008, un segno della crescente complessità che la tecnologia MOS di Intel poteva gestire.

•Velocità di Clock: Fino a 2 MHz (megahertz), significativamente più veloce dei 800 kHz dell'8008.

•Memoria Indirizzabile: La sua capacità di indirizzare 64 KB di memoria era una delle sue caratteristiche più importanti. Questo era un enorme passo avanti, permettendo di creare sistemi molto più complessi.

•Pin: Il grande balzo in avanti fu l'adozione di un package a 40 pin. Questo permise bus dati e indirizzi separati (rispettivamente 8 bit e 16 bit), eliminando il complesso multiplexing dell'8008 e semplificando enormemente il design dei sistemi.

•Set di Istruzioni: Un set di 111 istruzioni, compatibile con l'8008 ma con nuove istruzioni più potenti per una maggiore efficienza. Utilizzava un set di registri più esteso (A, B, C, D, E, H, L) che potevano essere usati a 8-bit o accoppiati a 16-bit (BC, DE, HL).

•Tecnologia: Fu il primo processore Intel a utilizzare il processo nMOS (n-channel Metal-Oxide-Semiconductor), che offriva maggiore velocità e densità rispetto al precedente pMOS.

5.2.3. Il Supporto del Chipset:
Intel fornì anche chip di supporto per l'8080, come l'8224 (generatore di clock e driver) e l'8228 (controller di sistema e driver di bus). Questi chip rendevano molto più semplice per gli ingegneri implementare l'8080 nei loro progetti, riducendo i tempi di sviluppo e i costi.

5.3. L'Impatto Rivoluzionario dell'Intel 8080

Architettura e Programmazione dei Processori Intel: Una Guida Completa per Universitari

L'Intel 8080 fu un successo travolgente e consolidò la posizione di Intel come leader mondiale nel settore dei microprocessori. Il suo impatto fu di vasta portata:

5.3.1. Il Catalizzatore del Personal Computer:
L'8080 è considerato il processore che ha dato il via alla rivoluzione del personal computer.

- •Altair 8800 (1975): Il primo computer personale di successo, l'Altair 8800, fu basato sull'Intel 8080. Questo kit per hobbisti, presentato sulla copertina di *Popular Electronics*, scatenò una domanda incredibile e accese la miccia dell'industria dei PC. Molti dei pionieri dell'informatica personale, inclusi i fondatori di Microsoft (Bill Gates e Paul Allen), iniziarono a programmare per l'Altair 8800 (e quindi per l'8080).
- •Sistemi Operativi: L'8080 fu il processore su cui girò il primo sistema operativo per microcomputer, CP/M (Control Program for Microcomputers) di Gary Kildall. CP/M divenne lo standard de facto per i microcomputer a 8-bit e ispirò fortemente MS-DOS, il sistema operativo che avrebbe dominato i PC IBM.
- •Nascita di Altre Aziende: Il successo dell'8080 stimolò la nascita di innumerevoli aziende di hardware e software, creando un intero ecosistema intorno al microprocessore.

5.3.2. Dominio nel Mercato Embedded:
Oltre ai PC, l'8080 trovò ampio impiego in sistemi embedded e dispositivi di controllo industriale, automazione e strumentazione. La sua versatilità e facilità d'uso (rispetto all'8008) lo resero una scelta popolare per gli ingegneri.

5.3.3. Standardizzazione e Precursore dell'x86:
L'8080 ha di fatto standardizzato l'architettura a 8-bit in un'epoca cruciale. Il suo set di istruzioni, pur non essendo esattamente l'x86 come lo conosciamo, è stato il diretto antenato. Le decisioni di design prese per l'8080 (come il suo set di registri e le modalità di indirizzamento) avrebbero avuto un'influenza duratura sull'8086 e tutti i successivi processori Intel basati sull'architettura x86.

5.4. La Concorrenza: Zilog Z80 (Un Degno Rivale)

Il successo dell'Intel 8080 non rimase incontrastato. Un rivale significativo emerse sotto forma dello Zilog Z80.

5.4.1. Masatoshi Shima e lo Z80:
Masatoshi Shima, dopo il suo ruolo chiave nell'8080, lasciò Intel e si unì a Zilog, un'azienda fondata da Federico Faggin. Lì, Shima progettò lo Zilog Z80, un processore compatibile a livello di codice macchina con l'8080, ma con un set di istruzioni esteso, un numero maggiore di registri e un'integrazione superiore (meno chip di supporto esterni).
Lo Z80 fu un successo enorme, superando spesso l'8080 in termini di vendite e adottato in sistemi leggendari come il Sinclair ZX Spectrum, il Commodore 128 e in molte console arcade. La sua retrocompatibilità con l'8080 permise di eseguire tutto il software esistente per CP/M, mentre le sue migliorie lo resero più attraente per i nuovi design.

5.4.2. L'Importanza della Concorrenza:
La competizione tra l'8080 e lo Z80 (e altri come il Motorola 6800 e il MOS 6502) fu estremamente

importante. Questa rivalità spinse Intel a innovare costantemente e a sviluppare processori sempre più potenti e efficienti, un motore di progresso che avrebbe caratterizzato l'industria per decenni.

Conclusione: Il Cammino Verso il Dominio

Dall'idea pionieristica del 4004, attraverso i compromessi e le lezioni apprese con l'8008, Intel ha trovato la sua formula vincente con l'8080. Questo microprocessore non fu solo un prodotto di successo; fu il punto di innesco per la rivoluzione del personal computer, il fondamento di un intero ecosistema software e hardware e il catalizzatore che dimostrò il valore incommensurabile del "computer su un chip" per un vasto pubblico.

L'8080 non solo ha consolidato la leadership di Intel nel nascente mercato dei microprocessori, ma ha anche posto le basi concettuali e architetturali per quella che sarebbe diventata l'architettura x86, la più pervasiva e longeva nella storia dell'informatica. Il prossimo capitolo ci condurrà a quella cruciale evoluzione: l'Intel 8086 e la nascita dell'architettura che ancora oggi anima i nostri computer.

Parte I: Fondamenti di Architettura dei Processori

Sezione 1: Concetti Base e Storia

Capitolo 6: L'Importanza dell'8086 e l'Architettura x86

Introduzione: La Nascita di un Gigante e la Fondazione di un Impero Architetturale

Dopo i successi e le lezioni apprese con i microprocessori a 4-bit (4004) e a 8-bit (8008, 8080), Intel si trovò di fronte a una nuova sfida: come spingere ulteriormente i confini della potenza di calcolo. La competizione era in crescita (con processori come lo Zilog Z80 e il Motorola 68000 all'orizzonte), e le applicazioni richiedevano maggiore capacità di elaborazione, specialmente per la gestione di quantità di memoria più grandi. La risposta di Intel a questa esigenza fu l'introduzione dell'Intel 8086 nel 1978, un microprocessore che non solo rappresentava un significativo balzo in avanti tecnologico, ma che diede origine a un'architettura che avrebbe dominato il mondo dei computer personali e dei server per decenni a venire: l'architettura x86.

Questo capitolo è cruciale per la nostra comprensione dei processori Intel. Esploreremo le motivazioni dietro la sua creazione, le innovazioni architetturali che l'8086 portò, il suo set di istruzioni fondamentale che definì l'x86, e il suo impatto duraturo che si riverbera ancora oggi. Comprendere l'8086 significa comprendere il DNA di tutti i processori Intel moderni.

6.1. Le Motivazioni Dietro l'8086: Oltre i Limiti degli 8-bit

Verso la metà degli anni '70, divenne evidente che l'architettura a 8-bit, pur avendo rivoluzionato l'industria dei microcomputer, stava raggiungendo i suoi limiti, in particolare per quanto riguarda la capacità di indirizzare la memoria. I 64 KB di memoria indirizzabile dell'8080 (e dello Z80) erano sufficienti per le prime applicazioni, ma per sistemi più complessi, per linguaggi di programmazione più sofisticati e per l'interfaccia utente grafica (che richiedeva molta memoria), questo limite era sempre più stringente.

Intel riconobbe la necessità di un processore che potesse gestire:

- Maggiori quantità di memoria: L'obiettivo era superare la barriera dei 64 KB.
- Esecuzione più veloce: Le applicazioni stavano diventando più complesse.
- Maggiore versatilità: Per supportare una gamma più ampia di software e sistemi operativi.
- Compatibilità: Mantenere un certo grado di compatibilità con l'8080 era un vantaggio per non abbandonare l'ecosistema software esistente.

Il progetto per l'8086, nome in codice "Apollo", fu avviato nel 1976 con lo scopo di creare una CPU a 16-bit che fosse un miglioramento evolutivo dell'8080. Il team di progettazione fu guidato da Stephen P. Morse.

6.2. L'Architettura dell'Intel 8086: Un Salto Qualitativo a 16-bit

L'Intel 8086 fu rilasciato nel giugno 1978, segnando un'epoca per la sua architettura a 16-bit e la sua capacità di indirizzare molta più memoria.

6.2.1. Le Caratteristiche Chiave dell'8086:

- Architettura a 16-bit: Internamente, l'8086 elaborava dati a 16 bit. Questo significava che poteva manipolare parole (word) di 16 bit alla volta, raddoppiando l'efficienza rispetto ai processori a 8 bit per molte operazioni.
- Bus Dati a 16-bit: Comunicava con la memoria e le periferiche attraverso un bus dati esterno a 16 bit.
- Bus Indirizzi a 20-bit: Questa fu una delle innovazioni più importanti. Un bus indirizzi a 20 bit permetteva all'8086 di accedere a 2^{20} byte (1.048.576 byte), ovvero 1 Megabyte (MB) di memoria. Questo era un balzo enorme rispetto ai 64 KB dei processori a 8 bit e fu cruciale per lo sviluppo di sistemi operativi e applicazioni più grandi.
- Numero di Transistor: Circa 29.000 transistor, un aumento considerevole rispetto ai 6.000 dell'8080, reso possibile dal processo di fabbricazione H-MOS di Intel a 3 micrometri (μm).
- Velocità di Clock: Offerto in diverse versioni, con frequenze che andavano da 5 MHz a 10 MHz.
- Registri Generali: Otto registri a 16 bit (AX, BX, CX, DX, SP, BP, SI, DI), che potevano essere usati anche come registri a 8 bit (AH/AL, BH/BL, CH/CL, DH/DL), garantendo una certa retrocompatibilità e flessibilità.

6.2.2. Il Concetto di Segmentazione della Memoria:

Per poter indirizzare 1 MB di memoria con registri interni a 16 bit (che potevano indirizzare solo 2^{16} = 64 KB), l'8086 introdusse un innovativo sistema di segmentazione della memoria.

- Registri di Segmento: L'8086 includeva quattro registri di segmento a 16 bit (CS - Code Segment, DS - Data Segment, SS - Stack Segment, ES - Extra Segment).

•Indirizzi Logici e Indirizzi Fisici: Un indirizzo di memoria nell'8086 era specificato come una coppia (segmento:offset). L'indirizzo fisico a 20 bit veniva calcolato spostando a sinistra il valore del registro di segmento di 4 bit e sommandovi l'offset a 16 bit.

•Indirizzo Fisico = (Segmento * 16) + Offset

•Vantaggi e Svantaggi: Questa segmentazione permetteva l'accesso a 1 MB, forniva una forma rudimentale di protezione della memoria (isolando segmenti di codice, dati e stack) e facilitava il rilocamento del codice. Tuttavia, rendeva la programmazione più complessa e introduceva la nozione di "vicino" (all'interno dello stesso segmento) e "lontano" (in segmenti diversi) per l'accesso alla memoria e le chiamate di funzione.

6.2.3. Pipeline di Istruzioni Semplice:
L'8086 fu anche uno dei primi processori a implementare una semplice pipeline di istruzioni. Aveva una "Bus Interface Unit" (BIU) e un "Execution Unit" (EU) separati. La BIU poteva prelevare (fetch) istruzioni dalla memoria mentre la EU eseguiva l'istruzione precedente. Questo sovrapposizione migliorava leggermente le prestazioni.

6.3. Il Set di Istruzioni x86: Un Linguaggio Universale

L'8086 introdusse un set di istruzioni a 16 bit che divenne il fondamento dell'architettura x86 (originariamente chiamata iAPX 86). Questo set di istruzioni è la chiave della sua longevità.

6.3.1. Istruzioni Base:
Il set di istruzioni includeva istruzioni per:

•Trasferimento Dati: MOV (spostare dati), PUSH/POP (gestire lo stack).

•Aritmetica: ADD, SUB, MUL, DIV (operazioni su 8 e 16 bit).

•Logica e Bitwise: AND, OR, XOR, NOT, SHL, SHR (manipolazione di bit).

•Controllo del Flusso: JMP (salto incondizionato), CALL (chiamata a subroutine), RET (ritorno da subroutine), Jcc (salto condizionale basato su flag).

•Operazioni su Stringhe: MOVSB/MOVSW (spostamento di stringhe di byte/word), SCASB/SCASW (scansione di stringhe), CMPSB/CMPSW (confronto di stringhe), ecc. Questi erano potenti per l'epoca.

6.3.2. Registri di Funzione Speciale:
Oltre ai registri generali, l'8086 aveva registri con funzioni specifiche:

•Instruction Pointer (IP): Conteneva l'offset dell'istruzione successiva all'interno del segmento di codice.

•Flag Register: Un registro a 16 bit che conteneva vari flag di stato (Carry Flag, Zero Flag, Sign Flag, Overflow Flag, Direction Flag, Interrupt Flag, ecc.) che riflettevano il risultato dell'ultima operazione e controllavano il comportamento del processore.

6.3.3. Retrocompatibilità con l'8080:
L'8086 non era direttamente compatibile a livello binario con l'8080 (cioè, il codice macchina per l'8080 non girava direttamente sull'8086). Tuttavia, il suo set di istruzioni era progettato per essere "assembly language compatible" con l'8080, il che significava che il codice assembly scritto per l'8080 poteva essere facilmente tradotto (o migrato manualmente con modifiche minime) per

l'8086. Questo facilitò la transizione per i programmatori esistenti e permise di riutilizzare il know-how accumulato.

6.4. L'Intel 8088: Il Fratello Minore e la Rivoluzione del PC IBM

Un anno dopo l'8086, nel 1979, Intel rilasciò l'Intel 8088. Questa CPU era internamente identica all'8086 (stessa architettura a 16-bit, stessi registri, stessa segmentazione), ma aveva un bus dati esterno ridotto a 8 bit.

6.4.1. Motivazioni per l'8088:

- •Costo: Il bus dati a 8 bit permetteva di utilizzare una scheda madre più semplice ed economica, con meno linee e meno chip di supporto (come controller e driver di bus) rispetto a un sistema a 16 bit.
- •Compatibilità Hardware: Permetteva di riutilizzare molti componenti a 8 bit esistenti, riducendo i costi di sviluppo per i produttori di computer.

6.4.2. L'Impatto del PC IBM (1981):

La decisione di Intel di creare l'8088 si rivelò un colpo di genio strategico. Quando IBM scelse un processore per il suo rivoluzionario IBM Personal Computer (IBM PC), lanciato nell'agosto 1981, optò per l'Intel 8088.

- •Affidabilità e Costo: L'8088 offriva una potenza di calcolo a 16 bit con la convenienza economica e la facilità di integrazione di un sistema a 8 bit. IBM apprezzò l'equilibrio tra prestazioni e costi.
- •Lo Standard del Settore: La scelta di IBM legittimò l'8088 e, per estensione, l'architettura x86, rendendola lo standard de facto per l'industria dei PC. Milioni di PC IBM e di "cloni" basati sull'8088 (e poi sull'8086) furono venduti, cementando la posizione di Intel nel mercato.
- •MS-DOS: Il sistema operativo MS-DOS (precursore di Windows), sviluppato da Microsoft per il PC IBM, fu scritto per l'architettura x86, creando un binomio hardware-software che avrebbe dominato l'informatica personale.

6.5. La Nascita dell'Architettura x86: Un Ecosistema in Crescita

Il successo dell'8086 e dell'8088 non fu solo un trionfo per Intel; diede vita a un intero ecosistema tecnologico.

6.5.1. Hardware e Software:

- •Periferiche e Schede di Espansione: La standardizzazione dell'architettura x86 spinse lo sviluppo di schede di espansione (schede grafiche, schede audio, controller di rete) compatibili con il bus ISA del PC IBM.
- •Sviluppo di Software: I programmatori iniziarono a scrivere applicazioni specificamente per l'x86, dai videogiochi ai programmi di produttività (fogli di calcolo come Lotus 1-2-3, word processor come WordPerfect).
- •Linguaggi di Programmazione: Compiler per linguaggi di alto livello (C, Pascal, BASIC) furono sviluppati e ottimizzati per l'architettura x86.

6.5.2. L'importanza della Retrocompatibilità:
Una delle chiavi della longevità dell'architettura x86, iniziata con l'8086, è stata la sua quasi ossessiva adesione alla retrocompatibilità. Ogni nuovo processore x86 di Intel (e in seguito di AMD) era progettato per poter eseguire il software scritto per i suoi predecessori. Ciò significava che gli investimenti in software fatti dagli utenti erano protetti, incentivando l'adozione di nuove generazioni di processori senza dover riscrivere o riacquistare il software. Questa filosofia è rimasta un pilastro dell'architettura x86 fino ad oggi.

Conclusione: Il Pilastro del Computing Moderno

L'Intel 8086 e il suo derivato, l'8088, rappresentano un momento spartiacque nella storia dell'informatica. L'8086 ha introdotto l'architettura a 16-bit, la gestione della memoria a 1 MB tramite segmentazione e un set di istruzioni che sarebbe diventato l'anima di quasi tutti i computer personali. L'8088, attraverso la sua adozione nel PC IBM, ha trasformato l'informatica da un hobby di nicchia a un fenomeno di massa.

L'architettura x86, nata con questi processori, è diventata il fondamento su cui è stato costruito il mondo dei computer moderni. Ha dimostrato la forza della standardizzazione, la potenza della compatibilità e il valore di un ecosistema in crescita. Da questo punto in poi, la storia dei processori Intel è, in gran parte, la storia dell'evoluzione e del perfezionamento dell'architettura x86, un viaggio che continueremo a esplorare nei capitoli successivi, partendo dall'evoluzione a 16-bit con l'80186 e l'80286.

Parte I: Fondamenti di Architettura dei Processori

Sezione 1: Concetti Base e Storia

Capitolo 7: L'Evoluzione dell'Architettura 16-bit: 80186 e 80286

Introduzione: Affinare il Dominio dei 16-bit e Aprire le Porte a Nuovi Orizzonti

Dopo il successo rivoluzionario dell'Intel 8086 e, in particolare, dell'8088 come cervello del PC IBM, Intel si trovò nella posizione invidiabile di leader in un mercato in rapida espansione. Tuttavia, l'innovazione non poteva fermarsi. L'industria richiedeva processori più veloci, più integrati e con maggiori capacità di gestione della memoria, specialmente in un contesto in cui i sistemi operativi stavano diventando sempre più sofisticati. Per rispondere a queste esigenze, Intel sviluppò due processori fondamentali nell'evoluzione dell'architettura a 16-bit: l'Intel 80186 (e l'80188) e l'Intel 80286.

Questo capitolo esplorerà il contributo di questi due processori. Analizzeremo come l'80186 abbia migliorato l'integrazione per applicazioni embedded, mentre l'80286 abbia introdotto un cruciale "modo protetto" che, per la prima volta, ha permesso di superare il limite di 1 MB di memoria, aprendo le porte a sistemi operativi multitasking più avanzati. Questi passaggi sono stati essenziali per preparare il terreno all'era dei 32-bit e per consolidare ulteriormente la posizione di Intel.

7.1. L'Intel 80186/80188: Il Processore "Integrato" (1982)

Architettura e Programmazione dei Processori Intel: Una Guida Completa per Universitari

L'Intel 80186 (e la sua variante a bus esterno a 8-bit, l'80188) fu introdotto nel 1982. Nonostante condivida la stessa architettura di base a 16-bit dell'8086/8088, la sua innovazione principale non risiedeva tanto in nuove istruzioni o in un'architettura più potente, quanto nella sua elevata integrazione.

7.1.1. Obiettivo e Caratteristiche Principali:

- Target di Mercato: L'80186 non era destinato a diventare la CPU principale dei personal computer (ruolo che l'8088 stava già ricoprendo con l'IBM PC), bensì per applicazioni embedded, sistemi di controllo industriale e dispositivi che richiedevano un elevato livello di integrazione per ridurre i costi e le dimensioni.
- Integrazione On-Chip: La caratteristica distintiva dell'80186 era l'integrazione di diversi componenti che in precedenza erano chip discreti esterni. Questi includevano:
  - Un controller di interrupt programmabile.
  - Tre timer/contatori.
  - Un controller DMA (Direct Memory Access) a due canali.
  - Un generatore di clock.
  - Un controller di bus e di chip select.
- Vantaggi dell'Integrazione: Questa integrazione riduceva drasticamente il numero di chip ausiliari necessari per costruire un sistema basato sull'80186, semplificando il design della scheda madre, riducendo i costi di produzione e l'ingombro fisico.
- Retrocompatibilità: Era completamente compatibile a livello di codice macchina con l'8086/8088, il che significava che il software esistente poteva essere eseguito senza modifiche.
- Prestazioni Migliorate: Sebbene la frequenza di clock fosse simile (6-12 MHz), l'integrazione dei controller e alcune ottimizzazioni interne portarono a un leggero aumento delle prestazioni per ciclo rispetto all'8086/8088.

7.1.2. Settori di Applicazione:
L'80186/80188 trovò un ampio impiego in:

- Controller per stampanti laser.
- Sistemi di controllo in reti e telecomunicazioni.
- Controllori industriali e macchinari embedded.
- Registratori di cassa elettronici e terminali POS.
- Alcuni sistemi home computer e console (es. Intel MDS).

Non fu mai il cuore di un PC di massa come l'IBM PC, ma il suo ruolo nel settore embedded fu significativo, dimostrando la flessibilità dell'architettura x86 e la capacità di Intel di adattare i suoi processori a mercati diversi.

7.2. L'Intel 80286: Il Ponte verso il Modo Protetti (1982)

L'Intel 80286, conosciuto come "286", fu anch'esso rilasciato nel 1982, lo stesso anno dell'80186. Tuttavia, il suo obiettivo era radicalmente diverso e molto più ambizioso: superare il limite di 1 MB di memoria e fornire un hardware per il multitasking.

Architettura e Programmazione dei Processori Intel: Una Guida Completa per Universitari

7.2.1. Il Problema del 1 Megabyte:
Il limite di 1 MB indirizzabile dall'8086/8088, sebbene rivoluzionario all'epoca, stava diventando un collo di bottiglia per lo sviluppo di sistemi operativi più avanzati e di applicazioni che richiedevano grandi quantità di memoria. Il DOS, ad esempio, era limitato a circa 640 KB di memoria per i programmi utente. Per superare questo limite, era necessario un nuovo approccio alla gestione della memoria.

7.2.2. Introduzione del "Modo Protetti" (Protected Mode):
Questa fu l'innovazione più significativa del 286. Il processore operava in due modalità principali:

- Modo Reale (Real Mode): Compatibile con l'8086, operava a 16-bit, indirizzava un massimo di 1 MB di memoria tramite segmentazione e non forniva protezione della memoria. Era il modo predefinito all'accensione del PC e necessario per eseguire il DOS.
- Modo Protetti (Protected Mode): Questa era la modalità avanzata del 286.
    - Indirizzamento a 24-bit: Permetteva di indirizzare fino a 16 MB (2^{24} byte) di memoria fisica. Questo era un salto enorme.
    - Memoria Virtuale: Il 286 introdusse la capacità di gestire la memoria virtuale tramite segmentazione, permettendo ai programmi di utilizzare più memoria di quella fisica disponibile e fornendo un sistema per lo swapping su disco.
    - Protezione della Memoria: Questo era il "protetto" nel nome. In modalità protetta, il processore poteva isolare i segmenti di memoria dei diversi programmi, impedendo a un programma difettoso di sovrascrivere la memoria di un altro o del sistema operativo, aumentando notevolmente la stabilità del sistema.
    - Multitasking Hardware: La protezione della memoria era essenziale per il multitasking. Permetteva al sistema operativo di assegnare risorse (come la memoria) a diversi processi e di garantirne l'isolamento.
    - Livelli di Privilegio: Il 286 introdusse quattro livelli di privilegio (ring 0 a ring 3) per il codice, consentendo al sistema operativo (ring 0) di proteggere le sue risorse dal software applicativo (ring 3).

7.2.3. Altre Caratteristiche del 286:

- Architettura a 16-bit: Mantenuta, con bus dati a 16 bit e registri interni a 16 bit.
- Numero di Transistor: Circa 134.000 transistor, un balzo significativo rispetto all'8086, grazie al processo di fabbricazione HMOS III di Intel (1.5 μm).
- Velocità di Clock: Da 6 MHz fino a 12.5 MHz (e successivamente 20 MHz con licenze AMD e Harris).
- Prestazioni: Le prestazioni erano significativamente migliori rispetto all'8086/8088, con un aumento di circa 2-3 volte per ciclo di clock, grazie a una pipeline più efficiente e alla gestione della cache interna.

7.3. L'Impatto del 286 nel Mercato dei PC: Il "PC AT" e il Windows Fallito

L'Intel 80286 fu scelto da IBM per il suo innovativo IBM PC/AT (Advanced Technology), lanciato nel 1984. Il PC/AT divenne un nuovo standard, introducendo il bus di espansione AT (precursore del PCI) e offrendo prestazioni molto superiori all'originale PC/XT.

7.3.1. Il Successo Commerciale e la Diffusione:

Il 286 divenne estremamente popolare e fu il processore dominante nei personal computer di fascia alta per la seconda metà degli anni '80. Milioni di PC basati sul 286 furono venduti, consolidando ulteriormente la posizione di Intel e dell'architettura x86.

7.3.2. Il Problema del Modo Protetti (e del DOS):

Nonostante le sue capacità rivoluzionarie in modalità protetta, il 286 soffrì di un problema fondamentale: il software esistente era progettato per il modo reale del DOS. Il DOS non era in grado di sfruttare il modo protetto e di indirizzare più di 1 MB. Anche se furono creati "DOS extenders" e sistemi operativi alternativi come OS/2 e prime versioni di Windows tentarono di usare il modo protetto, la transizione era complessa.

Il problema principale era che, una volta entrati in modo protetto, non era possibile tornare direttamente al modo reale senza un reset hardware (o un complesso trucco che sfruttava un bug nel chip del controller della tastiera). Questo rendeva difficile per i sistemi operativi passare fluidamente tra le due modalità per eseguire il vecchio software DOS in modo efficiente, limitando l'adozione del modo protetto per molti utenti. Di conseguenza, molti PC 286 finirono per funzionare principalmente in modo reale, sprecando gran parte del loro potenziale.

7.4. L'Interfaccia con il Coprocessore Matematico (80287)

Come i suoi predecessori, il 286 poteva essere affiancato da un coprocessore matematico, l'Intel 80287.

- •Funzione: L'80287 era un chip separato, progettato specificamente per eseguire operazioni a virgola mobile (Floating Point Unit - FPU) molto più velocemente e con maggiore precisione di quanto potesse fare la CPU principale usando solo operazioni intere.
- •Benefici: Era cruciale per applicazioni che facevano uso intensivo di calcoli numerici, come CAD, fogli di calcolo complessi e simulazioni scientifiche. La sua presenza poteva accelerare queste operazioni di ordini di grandezza.
- •Interazione: La CPU 286 gestiva il flusso di controllo e le operazioni intere, mentre delegava le istruzioni a virgola mobile all'80287 quando presenti.

7.5. Legacy e Prospettive Future

L'80186 e l'80286, pur con ruoli diversi, hanno entrambi contribuito in modo significativo all'evoluzione dell'architettura x86 e al consolidamento del mercato dei microprocessori.

- •L'80186 ha dimostrato l'importanza dell'integrazione per il mercato embedded, un settore in cui Intel continuerebbe a giocare un ruolo.
- •L'80286 ha introdotto il concetto fondamentale di modo protetto e di gestione della memoria estesa, un requisito essenziale per i futuri sistemi operativi multitasking e multiutente. Nonostante le difficoltà iniziali nella sua adozione, il modo protetto divenne la base per tutti i futuri sistemi operativi avanzati sull'architettura x86.

Questi processori hanno rappresentato gli ultimi grandi passi nell'era a 16-bit prima che l'industria passasse alla potenza e alla complessità dei 32-bit. Le lezioni apprese con il 286, in particolare le sfide della transizione a una modalità operativa più avanzata, avrebbero informato il design del suo successore, l'Intel 80386, che avrebbe finalmente sbloccato il vero potenziale del modo protetto e inaugurato l'era del computing a 32-bit.

Conclusione: Verso l'Età della Piena Potenza

L'evoluzione dell'architettura a 16-bit, incarnata dall'80186 e dall'80286, ha segnato un periodo di affinamento e di ambizione. L'80186 ha ottimizzato l'architettura per applicazioni specifiche, mentre l'80286 ha cercato di rompere le barriere della memoria e della stabilità del sistema, introducendo concetti rivoluzionari come il modo protetto. Sebbene il 286 non abbia pienamente realizzato il suo potenziale in un mondo ancora dominato dal DOS, ha piantato i semi per il futuro, dimostrando la direzione che l'informatica avrebbe dovuto prendere. Il suo ruolo di ponte tra il passato a 8-bit e il futuro a 32-bit è inestimabile, e la sua architettura ha fornito le basi per il prossimo, ancora più potente, passo: l'Intel 80386, il primo vero processore a 32-bit della famiglia x86.

Se l'Intel 80286 aveva introdotto il concetto di "modo protetto" e la capacità di indirizzare più di 1 MB di memoria, fu l'Intel 80386, comunemente noto come "386", a sbloccare appieno il potenziale dell'architettura a 32-bit e a rendere il modo protetto una realtà pratica e gestibile per i sistemi operativi moderni. Rilasciato nell'ottobre del 1985, il 386 non fu solo un incremento di potenza; fu una rivoluzione che ridefinì il personal computer e pose le basi per il multitasking avanzato, la memoria virtuale e i sistemi operativi grafici che avrebbero dominato gli anni '90 e oltre.

Questo capitolo è fondamentale per comprendere come l'architettura x86 abbia fatto il salto di qualità definitivo verso il computing moderno. Esploreremo le innovazioni radicali che il 386 portò, in particolare l'implementazione completa del modo protetto a 32-bit, la gestione della memoria virtuale e l'introduzione del "modo virtual 8086", elementi che lo resero il pilastro su cui furono costruiti tutti i sistemi operativi successivi, da Windows 3.0 al Linux kernel.

8.1. Le Limitazioni del 286 e la Necessità dei 32-bit

Nonostante le sue capacità in modo protetto, l'80286 soffriva di due limitazioni principali che ne impedivano la piena adozione per sistemi operativi avanzati:

• **Architettura a 16-bit in Modo Protetti:** Sebbene potesse indirizzare 16 MB, il 286 operava ancora su registri e istruzioni a 16 bit anche in modo protetto. Ciò rendeva l'elaborazione di grandi quantità di dati inefficiente e complicava il porting di software da sistemi a 32-bit (come le workstation UNIX).

• **Difficoltà nella Transizione tra Modi:** Il problema più grande era l'impossibilità di tornare dal modo protetto al modo reale senza un reset hardware (o un "trucco" che sfruttava il controller della tastiera). Questo rendeva estremamente difficile per un sistema operativo avanzato in modo protetto eseguire applicazioni DOS esistenti in modo fluido, il che era un requisito essenziale per la maggior parte degli utenti.

Intel comprese che per superare questi ostacoli e per competere con architetture a 32-bit emergent come il Motorola 68020 (usato negli Apple Macintosh e in alcune workstation), era necessario un processore x86 a 32-bit completo. Il progetto per il 386, inizialmente chiamato "P3", fu avviato con l'obiettivo di realizzare una CPU che fosse un vero "mainframe su un chip".

8.2. L'Intel 80386: La Nascita del Processore a 32-bit (1985)
L'Intel 80386 (o i386) fu una CPU rivoluzionaria, il primo processore a 32-bit della famiglia x86, che portò una serie di innovazioni fondamentali.

8.2.1. Caratteristiche Chiave dell'Architettura del 386:
• **Architettura a 32-bit Completa:** Questo era il cambiamento più importante. L'80386 disponeva di:
◦ **Registri a 32-bit:** Tutti i registri generali (EAX, EBX, ECX, EDX, ESI, EDI, EBP, ESP) e i registri di puntatore (EIP, EFLAGS) furono estesi a 32 bit. Questo permetteva di manipolare dati a 32 bit in modo nativo e più efficiente.
◦ **Bus Dati a 32-bit:** L'interfaccia esterna con la memoria e le periferiche avveniva su un bus dati a 32 bit, raddoppiando la larghezza di banda rispetto al 286.
◦ **Bus Indirizzi a 32-bit:** Permetteva di indirizzare fino a 4 Gigabyte (GB) (2^{32} byte) di memoria fisica. Questo era un enorme balzo rispetto ai 16 MB del 286, rendendo possibili applicazioni e sistemi operativi di scala mainframe.
• **Numero di Transistor:** Circa 275.000 transistor, un aumento di oltre il doppio rispetto al 286, implementati con un processo CMOS a 1.5 μm (poi 1 μm).
• **Velocità di Clock:** Inizialmente 12 MHz, poi 16 MHz, 20 MHz, 25 MHz e infine 33 MHz.
• **Pipelining Migliorato:** Il 386 aveva una pipeline di istruzioni a 6 stadi, più avanzata di quella del 286, che contribuiva a migliorare le prestazioni per ciclo.
• **Cache On-Chip (solo in versioni successive):** Le prime versioni del 386 non avevano cache interna, ma versioni successive (come il 386SL per i portatili) avrebbero integrato piccole cache. La cache esterna era comunque un elemento cruciale nei sistemi basati sul 386.

8.2.2. Il Modo Protetti a 32-bit: La Vera Rivoluzione
La versione del modo protetto del 386 era radicalmente superiore a quella del 286 e divenne la base per tutti i sistemi operativi multitasking moderni.
• **Segmentazione e Paging Combinati:** Il 386 manteneva la segmentazione per compatibilità (i registri di segmento erano ancora usati, ma ora il loro contenuto poteva puntare a tabelle descrittori a 32-bit). Ma l'innovazione cruciale fu l'introduzione del paging hardware.
◦ **Paging:** Questo meccanismo divideva lo spazio di indirizzi di memoria virtuale (utilizzato dai programmi) in pagine di dimensioni fisse (tipicamente 4 KB) e permetteva di mappare queste pagine a pagine fisiche non contigue nella RAM. Il paging era gestito da una Unità di Gestione della Memoria (MMU) integrata nel 386.
◦ **Tabella delle Pagine (Page Table):** Il processore utilizzava tabelle delle pagine in memoria per la traduzione degli indirizzi.
◦ **TLB (Translation Lookaside Buffer):** Una cache interna per le traduzioni delle pagine più recenti, per accelerare il processo.
• **Benefici del Paging:**
◦ **Memoria Virtuale Vera:** Permetteva ai programmi di accedere a uno spazio di indirizzi logico di 4 GB (il massimo indirizzabile a 32-bit), indipendentemente dalla quantità di RAM fisica installata. Il sistema operativo poteva scambiare (swap) le pagine inattive da e verso il disco rigido.
◦ **Protezione della Memoria Migliorata:** Ogni processo poteva avere le proprie tabelle delle pagine, garantendo un isolamento completo dello spazio di indirizzi. Un errore in un programma non poteva più corrompere la memoria di un altro.

◦ **Rilocabilità Semplificata:** I programmi potevano essere caricati in qualsiasi punto della memoria fisica senza bisogno di modifiche, semplificando la gestione da parte del sistema operativo.

• **Transizione Fluida tra Modi:** Il 386 risolse il problema del 286 permettendo un passaggio bidirezionale facile e veloce tra il modo protetto e il modo reale, rendendo il multitasking con applicazioni DOS un'esperienza pratica.

8.2.3. Il Modo Virtual 8086 (V86 Mode): L'Esecuzione del DOS nel Multitasking
Un'altra innovazione rivoluzionaria del 386 fu il Modo Virtual 8086 (V86 Mode). Questa modalità operativa, disponibile solo in modo protetto, permetteva al sistema operativo di creare più "macchine virtuali" 8086, ognuna delle quali poteva eseguire un'applicazione DOS come se fosse l'unico programma in esecuzione su un 8086 reale, completo di 1 MB di memoria indirizzabile.

• **Benefici del V86 Mode:** Questo abilitò il multitasking simultaneo di più applicazioni DOS (o programmi a 16-bit del modo reale) all'interno di un sistema operativo a 32-bit, ciascuna isolata dalle altre. Fu cruciale per il successo di Windows 3.0 e OS/2.

8.3. L'Intel 80386SX e 80386DX: Strategie di Mercato
Per rispondere alle diverse esigenze di mercato e ridurre i costi, Intel introdusse due varianti del 386:

• **80386DX (Desktop/Standard):** Questa era la versione originale, con un bus dati esterno a 32 bit e un bus indirizzi a 32 bit. Destinata ai PC desktop di fascia alta.

• **80386SX (System Extension):** Rilasciato nel 1988, il 386SX era internamente un processore a 32 bit completo, ma con un bus dati esterno a 16 bit e un bus indirizzi a 24 bit (limitando la memoria indirizzabile a 16 MB, come il 286).

◦ **Motivazioni per il 386SX:** L'obiettivo era offrire i vantaggi del modo protetto a 32 bit e del modo V86 a un costo inferiore, utilizzando schede madri più economiche (spesso derivate da quelle del 286) con meno pin e circuiti di supporto meno costosi.

◦ **Impatto:** Il 386SX rese la tecnologia 32-bit più accessibile e divenne incredibilmente popolare nei PC di fascia media e bassa, nei computer portatili e nei sistemi embedded, contribuendo enormemente alla diffusione dell'architettura a 32-bit.

8.4. L'Interfaccia con il Coprocessore Matematico (80387)
Analogamente ai predecessori, il 386 poteva essere affiancato da un coprocessore matematico, l'Intel 80387 (e successivamente il più economico 80387SX per il 386SX).

• **Funzione:** L'80387 era anch'esso un FPU dedicato alle operazioni a virgola mobile, ma era progettato per lavorare nativamente con dati a 32 bit e offriva prestazioni significativamente superiori all'80287.

• **Importanza:** Essenziale per applicazioni scientifiche, ingegneristiche e grafiche che beneficiavano enormemente della sua capacità di accelerare i calcoli in virgola mobile.

8.5. L'Impatto Rivoluzionario del 386: Il PC come Piattaforma Avanzata
L'Intel 80386 fu un successo commerciale e tecnologico strepitoso, che cambiò per sempre il panorama del personal computing.

• **Sistemi Operativi Moderni:** Il 386 fu il primo processore x86 a fornire l'hardware necessario per veri sistemi operativi multitasking e multiutente a 32-bit.

◦ **Windows 3.0 (1990):** Questa versione di Windows sfruttò pienamente il modo protetto e il modo V86 del 386, permettendo agli utenti di eseguire più applicazioni DOS in finestre separate e di accedere a più di 1 MB di memoria, aprendo la strada al successo di massa di Windows.

◦ **OS/2 2.0 (1992):** Il primo sistema operativo a 32-bit completo per l'architettura x86 che sfruttava appieno le funzionalità del 386.

◦ **Linux e FreeBSD:** Il 386 fu il primo processore x86 su cui furono portati i kernel di sistemi operativi UNIX-like a 32-bit, gettando le basi per Linux e il suo successo globale.

• **Software Applicativo:** L'accesso a 4 GB di memoria e la capacità di multitasking stimolarono lo sviluppo di applicazioni più complesse, dai database ai software CAD, dai videogiochi più elaborati alle suite di produttività.

• **L'Era del "PC Compatibile":** Il 386 consolidò la leadership di Intel e dell'architettura x86. Il mercato dei "cloni" IBM PC fiorì, con una moltitudine di produttori che offrivano sistemi basati sul 386, spingendo la diffusione dei PC a 32-bit.

• **Longevità e Retrocompatibilità:** Il 386 mantenne la piena retrocompatibilità con i predecessori (8086, 8088, 80286), consentendo ai vecchi programmi di funzionare senza problemi, un fattore chiave per la sua adozione.

Conclusione: Il Fondamento del PC Moderno

L'Intel 80386 è senza dubbio uno dei processori più importanti nella storia dell'informatica. Ha trasformato il personal computer da una macchina a 16-bit con limiti di memoria significativi a una piattaforma robusta e potente a 32-bit, capace di multitasking reale e di gestire grandi quantità di memoria virtuale e fisica. La sua introduzione del modo protetto a 32-bit e del modo virtual 8086 non solo risolse i problemi del 286, ma fornì le fondamenta hardware essenziali su cui furono costruiti i sistemi operativi e le applicazioni che avrebbero definito l'era del PC moderno.

Da questo punto in poi, ogni nuovo processore x86 avrebbe dovuto mantenere la retrocompatibilità con il 386, e le sue innovazioni sarebbero diventate standard de facto. Il 386 ha aperto la strada a una nuova era di prestazioni e funzionalità, preparandoci al prossimo passo evolutivo: l'integrazione e le ottimizzazioni portate dall'80486.

Fondamenti di Architettura dei Processori

Sezione 1: Concetti Base e Storia

Capitolo 5: Dal 8008 all'8080 — I Primi Successi (Conclusione)

5.2.3. L'Impatto del 8080 sul Mercato e sulla Cultura Informatica

L'Intel 8080 rappresentò il vero punto di svolta nel consolidamento del concetto di **microprocessore general-purpose**. Per la prima volta, le capacità di elaborazione di un minicomputer potevano essere racchiuse in un singolo chip a basso costo e relativamente semplice da integrare. Il suo successo non fu solo tecnico, ma anche culturale.

• **La Nascita del Personal Computer:** Il 8080 fu il cuore pulsante dell'**Altair 8800**, lanciato nel 1975 da MITS (Micro Instrumentation and Telemetry Systems). Questo computer, venduto inizialmente come kit per hobbisti, segnò l'inizio della rivoluzione del personal computing. L'Altair 8800 ispirò migliaia di appassionati e, soprattutto, attirò l'attenzione di due giovani programmatori: **Bill Gates e Paul Allen,** che scrissero il primo interprete **BASIC** per l'Altair. Da quel progetto nacque **Microsoft.**

- **Espansione dell'Ecosistema:** L'8080 generò un intero ecosistema di schede di espansione, sistemi operativi (come **CP/M,** di Gary Kildall) e linguaggi di programmazione dedicati. La sua architettura divenne un punto di riferimento per i produttori di software e hardware.

- **L'Inizio della Compatibilità:** Con l'8080, Intel introdusse una filosofia che avrebbe poi guidato decenni di progettazione: **la compatibilità verso il passato.** I successivi processori Intel sarebbero stati in grado di eseguire il codice dei predecessori, preservando investimenti e garantendo continuità tecnologica.

5.3. I Concorrenti e il Mercato Emergente

Il successo dell'8080 stimolò la concorrenza. **Motorola** introdusse l'**MC6800, MOS Technology** rispose con il celebre **6502,** mentre **Zilog,** fondata proprio da ex-ingenieri Intel come Federico Faggin e Masatoshi Shima, lanciò lo **Z80,** totalmente compatibile con l'8080 ma migliorato sotto molti aspetti (registri estesi, nuove istruzioni, migliore gestione delle interruzioni). Questi processori avrebbero dominato il mercato della fine degli anni '70, trovando impiego in macchine leggendarie come il **Commodore 64,** l'**Apple II** e il **Sinclair ZX Spectrum.**

5.4. Il Legame con la Nascente Architettura x86

Sebbene l'8080 fosse un processore a 8 bit con capacità di indirizzamento a 16 bit, la sua architettura rappresentava già la base concettuale della futura linea x86.
La struttura dei registri (A, B, C, D, E, H, L), la gestione dello stack e l'organizzazione del set di istruzioni fornirono le fondamenta su cui sarebbe stata costruita la prossima generazione di processori Intel.
Il passo successivo sarebbe stato tanto tecnico quanto strategico: creare un processore capace di offrire **prestazioni superiori, retrocompatibilità** con l'8080 e una **nuova architettura modulare** in grado di sopravvivere alle evoluzioni tecnologiche.

Conclusione del Capitolo 5

Con l'Intel 8080, il microprocessore uscì definitivamente dai laboratori e divenne un prodotto commerciale, accessibile, scalabile e versatile. Le sue prestazioni, l'ampia adozione e la nascita di un ecosistema attorno ad esso segnarono l'inizio di un'era in cui il calcolo sarebbe diventato personale, distribuito e universale.
Il successo dell'8080 preparò la scena per un salto epocale: **l'architettura a 16 bit dell'Intel 8086,** che avrebbe definito lo standard di riferimento per i decenni successivi.

Capitolo 6: L'Importanza dell'8086 e l'Architettura x86

6.1. Il Contesto Storico e la Visione di Intel

Alla metà degli anni '70, Intel si trovava in una posizione delicata. Lo **Zilog Z80** dominava il mercato dei personal computer e dei sistemi embedded, superando l'8080 in quasi ogni aspetto. Intel doveva reagire rapidamente per riconquistare la leadership tecnologica.

Nel 1978, sotto la guida di **Stephen Morse** e **Bruce Ravenel**, Intel presentò l'**Intel 8086**, un processore a **16 bit** che avrebbe inaugurato una delle famiglie architetturali più durature e influenti della storia: la **x86**.

6.2. Specifiche Tecniche e Innovazioni dell'8086

L'8086 fu progettato con l'obiettivo di mantenere compatibilità con il software dell'8080, pur offrendo prestazioni e capacità di indirizzamento nettamente superiori.

- **Architettura a 16 bit:**
  L'8086 operava su dati e registri a 16 bit, con un bus dati a 16 bit e un bus indirizzi a 20 bit, consentendo l'accesso diretto a **1 MB di memoria** – un salto enorme rispetto ai 64 KB dell'8080.

- **Set di Registri Potenziato:**
  Introduceva otto registri a 16 bit suddivisi in categorie funzionali:

  - Registri generali: **AX, BX, CX, DX** (ognuno divisibile in due registri a 8 bit: AH/AL, BH/BL, ecc.)

  - Registri indice e puntatori: **SI (Source Index)**, **DI (Destination Index)**, **BP (Base Pointer)**, **SP (Stack Pointer)**

  - Registri di segmento: **CS, DS, SS, ES**

  - **IP (Instruction Pointer)** e **Flag Register**

- **Segmentazione della Memoria:**
  Per estendere l'indirizzamento oltre i 64 KB, Intel introdusse un sistema di **segmentazione**: la memoria era divisa in segmenti di 64 KB, ciascuno identificato da un registro di segmento (es. CS per il codice, DS per i dati).
  L'indirizzo fisico risultava dalla combinazione di **Segmento × 16 + Offset**, fornendo un accesso efficiente e compatto alla memoria.

- **Pipeline e Prefetch:**
  L'8086 incorporava un'unità di prefetch che caricava fino a **6 byte di istruzioni** in anticipo, consentendo un'esecuzione più fluida e riducendo i tempi di attesa tra le istruzioni. Era una forma primitiva di **pipeline**, antesignana delle architetture superscalari future.

- **Tecnologia NMOS:**
  Basato su tecnologia nMOS, l'8086 operava a frequenze comprese tra **5 e 10 MHz**, con circa **29.000 transistor** – un ordine di grandezza superiore rispetto ai predecessori.

6.3. L'8088: Il Gemello a 8-bit e la Nascita del PC IBM

Nel 1979, Intel introdusse una variante dell'8086: l'**8088**, con **bus dati esterno a 8 bit** ma la stessa architettura interna a 16 bit. Questa scelta strategica fu decisiva, poiché consentiva l'uso di componenti e periferiche già esistenti e meno costose.

Quando IBM cercò un processore per il suo nuovo **Personal Computer (IBM PC)**, scelse proprio l'8088, inaugurando nel 1981 l'**era del PC compatibile IBM**.
Questa decisione sancì l'ascesa definitiva dell'architettura x86, che da allora sarebbe rimasta lo standard di riferimento per l'intero settore.

6.4. Impatto e Eredità dell'8086

L'8086 non fu solo un miglioramento tecnico, ma una **pietra miliare concettuale**.
La sua **retrocompatibilità**, la struttura modulare e la flessibilità dell'ISA (Instruction Set Architecture) permisero un'evoluzione costante senza mai rompere la compatibilità con il software precedente. Questa scelta strategica — spesso criticata per la sua complessità — si rivelò la chiave della longevità dell'architettura x86.

- **Standard Industriale:**
  L'8086 divenne il cuore dell'ecosistema PC, definendo un nuovo paradigma di compatibilità hardware e software che avrebbe dominato per oltre quattro decenni.

- **Evoluzione Continua:**
  Ogni successiva generazione (80186, 80286, 80386...) avrebbe aggiunto nuove funzionalità — come la modalità protetta, la paginazione e il multitasking — senza rompere il legame con le radici dell'8086.

6.5. Conclusione: L'Inizio dell'Era x86

L'Intel 8086 rappresenta l'anello mancante tra i primi microprocessori pionieristici e le architetture moderne. È stato il primo vero **processore a 16 bit di successo commerciale**, il fondamento del personal computer e l'origine di una linea evolutiva che ancora oggi, a distanza di quasi mezzo secolo, continua a essere al centro della tecnologia informatica.
La sua filosofia di compatibilità, espandibilità e scalabilità ha reso l'architettura x86 una delle più longeve e influenti della storia, ponendo le basi per l'era moderna dei processori Intel.

Capitolo 7: L'Evoluzione dell'Architettura 16-bit — 80186 e 80286

7.1. Dall'8086 alla Nuova Generazione

Dopo il successo travolgente dell'**Intel 8086** e dell'**8088**, l'architettura x86 era ormai affermata come standard de facto per i personal computer e per una crescente varietà di sistemi embedded.
Tuttavia, verso l'inizio degli anni '80, il mercato iniziava a richiedere **maggiori prestazioni**, **efficienza energetica superiore** e **funzionalità avanzate** come la gestione della memoria protetta e il multitasking.
Intel rispose con due evoluzioni dirette della famiglia x86: l'**Intel 80186 (1982)** e l'**Intel 80286**

(1982). Questi processori non solo perfezionarono il progetto originale dell'8086, ma gettarono le basi concettuali per l'era a 32 bit.

7.2. Intel 80186 — Ottimizzazione e Integrazione

L'**80186** fu concepito principalmente per **sistemi embedded** e per applicazioni industriali, non tanto per i PC di consumo. Era compatibile con l'8086 ma introduceva un'importante novità: **l'integrazione di componenti esterni direttamente sul chip**.

- **Componenti Integrati:**
  Il 80186 includeva al suo interno un controller DMA, un timer programmabile, un controllore interrupt e un generatore di clock. Ciò riduceva significativamente il numero di chip necessari sulla scheda madre, semplificando la progettazione e abbattendo i costi.

- **Prestazioni Migliorate:**
  Operava a frequenze comprese tra 6 e 10 MHz, offrendo un +25 % circa di prestazioni rispetto all'8086, pur mantenendo la piena compatibilità binaria.

- **Efficienza e Consumi:**
  L'integrazione e la riduzione della logica esterna portarono a minori consumi energetici, rendendo l'80186 ideale per apparecchiature portatili e industriali.

- **Compatibilità Parziale con il PC IBM:**
  Nonostante fosse un'evoluzione diretta dell'8086, l'80186 non venne adottato nei PC IBM perché l'integrazione di periferiche non era pienamente compatibile con l'architettura modulare dei PC originali. Tuttavia, trovò ampia diffusione in terminali, sistemi embedded e controller industriali.

7.3. Intel 80286 — Il Salto Verso il Multitasking e la Protezione

Se l'80186 rappresentò una raffinata evoluzione ingegneristica, l'**Intel 80286**, introdotto anch'esso nel 1982, fu invece un vero **salto generazionale**. Era destinato ai computer personali di fascia alta e alle workstation, e introdusse concetti che sarebbero rimasti centrali per decenni.

7.3.1. Architettura e Prestazioni

- **Architettura a 16 bit con bus indirizzi a 24 bit:**
  Permetteva di indirizzare fino a **16 MB di memoria** — un miglioramento straordinario rispetto al limite di 1 MB dell'8086.

- **Numero di Transistor:**
  Circa **134 000 transistor**, quasi cinque volte l'8086, segno di un incremento esponenziale nella complessità del design.

- **Velocità di Clock:**
  Inizialmente 6 MHz, poi 8, 10, 12 fino a 25 MHz nelle revisioni successive, con prestazioni per ciclo superiori grazie a una pipeline più efficiente.

- **Modalità Operative:**
  L'80286 poteva operare in due modalità principali:

  - **Real Mode:** compatibile con l'8086, per eseguire software esistente.

  - **Protected Mode:** una modalità avanzata che introduceva **protezione della memoria, livelli di privilegio** (ring 0-3) e **multitasking hardware**.

7.3.2. La Modalità Protetta — Un Concetto Rivoluzionario

In modalità protetta, il processore poteva:

- Isolare i processi uno dall'altro, prevenendo crash e accessi non autorizzati alla memoria.

- Implementare un **sistema operativo multitasking** in modo nativo.

- Gestire tabelle di descrittori (GDT e LDT) per definire segmenti di codice e dati con limiti precisi.

Questa innovazione anticipò di anni la filosofia dei moderni OS come Windows NT e Linux, rendendo l'80286 un ponte tra l'informatica domestica e quella professionale.

7.3.3. Limitazioni e Criticità

Il difetto maggiore dell'80286 era l'impossibilità di tornare dalla **Protected Mode** alla **Real Mode** senza un **reset hardware**. Questo limitava l'usabilità del processore con il software esistente (come MS-DOS), costringendo i sistemi a riavvii frequenti per riottenere la compatibilità.
Solo con l'arrivo del 80386 questo problema sarebbe stato risolto tramite l'introduzione della **Virtual 8086 Mode**.

7.4. L'80286 nei PC IBM AT e l'Eredità Industriale

Nel 1984, IBM scelse l'**80286** per alimentare il nuovo **IBM PC AT (Advanced Technology)**.
Con frequenze tra 6 e 8 MHz e una RAM di base da 256 KB (espandibile a 16 MB), l'AT rappresentava un enorme salto rispetto al PC XT basato su 8088.
Tuttavia, poiché MS-DOS non sfruttava la modalità protetta, gran parte delle potenzialità del chip rimase inutilizzata fino all'avvento dei sistemi operativi multitasking reali come OS/2 e Windows/386.

L'80286 fu anche impiegato in ambiente militare e industriale, dove la sua affidabilità e le funzioni di protezione memoria erano fondamentali. Per molti anni restò il processore di riferimento per le applicazioni mission-critical.

7.5. Confronto Tra 80186 e 80286

Caratteristica	Intel 80186	Intel 80286
Anno di rilascio	1982	1982
Bus dati	16 bit	16 bit

Caratteristica	Intel 80186	Intel 80286
Bus indirizzi	20 bit (1 MB)	24 bit (16 MB)
Transistor	~55 000	~134 000
Frequenza	6-10 MHz	6-25 MHz
Modalità Protetta	No	Sì
Applicazioni	Embedded, industriali	PC IBM AT, server, workstation
Compatibilità PC IBM	Parziale	Totale

7.6. Conclusione: La Maturità del 16-bit

L'era dell'80186 e dell'80286 segnò il momento di maturità dell'architettura x86. Il concetto di **compatibilità retroattiva**, introdotto con l'8086, raggiunse una nuova altezza: i nuovi processori potevano eseguire software datato ma anche aprire la strada a un nuovo paradigma di protezione e multitasking.

L'80286 in particolare fu un punto di svolta: dimostrò che Intel non era più solo un produttore di hardware, ma un **architetto di sistemi completi**, in grado di modellare l'intero ecosistema software. Tuttavia, il limite intrinseco del 16 bit stava per essere raggiunto. La domanda di maggiore potenza di calcolo e di uno spazio di indirizzamento ancora più ampio avrebbe spinto Intel verso una nuova frontiera: **il mondo del 32-bit con l'Intel 80386**.

Capitolo 8: L'Avvento del 32-bit — L'Intel 80386 e il Modo Protetto

8.1. Introduzione: La Rivoluzione dei 32-bit

Con l'avvento degli anni '80, il mondo dell'informatica entrò in una fase di profonda trasformazione. Il personal computer stava evolvendo da strumento per appassionati e piccole aziende a piattaforma di produttività universale. Intel, forte del successo dell'8086 e dell'80286, comprese che per mantenere la propria leadership era necessario compiere un salto radicale. Nel 1985, la risposta arrivò: il **processore Intel 80386**, primo vero **microprocessore a 32 bit** della famiglia x86, introdusse un livello di potenza e complessità mai visto prima in un chip destinato al mercato commerciale.

L'80386 non rappresentò solo un incremento prestazionale: segnò il passaggio dall'era dei sistemi monoutente a quella dei **sistemi multitasking e multiutenza**, abilitando sistemi operativi evoluti come UNIX, OS/2 e, più tardi, Windows NT.
Con esso, l'architettura x86 entrò in una nuova dimensione, mantenendo compatibilità con il passato ma aprendosi al futuro.

8.2. Caratteristiche Tecniche e Architetturali

L'Intel 80386 fu progettato come un'evoluzione radicale dell'80286, mantenendo compatibilità binaria ma ampliando significativamente capacità, flessibilità e velocità.

8.2.1. Architettura a 32-bit

- **Bus dati**: 32 bit

- **Bus indirizzi**: 32 bit

- **Spazio di indirizzamento**: 4 GB (2^{32} indirizzi)

- **Numero di transistor**: circa 275.000

- **Frequenze operative**: da 12 MHz fino a 40 MHz nelle versioni successive

Il salto da 16 a 32 bit permise al processore di manipolare numeri interi molto più grandi e di accedere direttamente a enormi quantità di memoria, aprendo le porte a nuove categorie di software scientifico e grafico.

8.2.2. Registri e Segmentazione Estesa

Il set di registri del 386 era un'estensione diretta di quello dell'8086, ma adattato a 32 bit:

- **Registri generali a 32 bit**: EAX, EBX, ECX, EDX

- **Registri di puntamento e indice**: ESI, EDI, EBP, ESP

- **Registri di segmento**: CS, DS, SS, ES, FS, GS

- **EIP (Instruction Pointer) e EFLAGS**

La **segmentazione** rimaneva compatibile con quella dell'8086, ma con limiti di segmento estesi a 4 GB. Ciò significava che ogni segmento poteva ora indirizzare l'intero spazio di memoria lineare.

8.2.3. Paginazione e Protezione

Il 386 introdusse un concetto chiave che sarebbe diventato una pietra miliare dell'informatica moderna: la **paginazione della memoria**.
La memoria virtuale veniva divisa in pagine di 4 KB, mappate su memoria fisica tramite **tabelle di pagine (Page Tables)** e **TLB (Translation Lookaside Buffer)**.
Questa struttura permetteva:

- Protezione della memoria tra processi

- Allocazione dinamica dello spazio di indirizzamento

- Implementazione efficiente di sistemi operativi multitasking

---

8.3. Le Modalità Operative del 80386

Il processore poteva operare in tre modalità principali:

1. **Real Mode**
   Compatibilità totale con il software 8086/8088.
   Limitato a 1 MB di memoria indirizzabile.

2. **Protected Mode (Modo Protetto)**
   Modalità nativa a 32 bit, con protezione della memoria, multitasking e paging.
   Supportava fino a 4 GB di memoria indirizzabile e 64 TB di spazio logico segmentato.

3. **Virtual 8086 Mode (V86 Mode)**
   Introdotta per consentire l'esecuzione di più programmi DOS in ambiente multitasking protetto.
   Ogni processo DOS era isolato come "macchina virtuale" con il proprio spazio di memoria.

8.4. Prestazioni e Innovazioni Tecniche

L'80386 migliorò drasticamente il throughput grazie a una pipeline più efficiente, un'unità di prefetch ottimizzata e un set di istruzioni arricchito (oltre 150).
Tra le novità principali:

- **Istruzioni di controllo del paging (MOV CRx)**

- **Istruzioni atomiche di sincronizzazione (XCHG, LOCK prefix)**

- **Istruzioni di manipolazione a 32 bit (EAX, EBX, ecc.)**

Il 386DX (versione completa a 32 bit) e il 386SX (versione economica con bus a 16 bit) permisero una vasta gamma di prodotti, dai PC desktop ai server.

8.5. L'Impatto del 80386

L'80386 trasformò il personal computer da macchina monoutente a piattaforma multitasking e multiutente.
Con esso nacquero sistemi come:

- **Microsoft Windows/386 (1987)**

- **OS/2** (in collaborazione con IBM)

- **UNIX System V e Xenix**

La compatibilità con il codice precedente permise una transizione fluida, e la nuova modalità protetta introdusse i principi fondamentali dei sistemi operativi moderni.

8.6. Conclusione

L'Intel 80386 rappresentò la **maturità architetturale dell'x86**.
Introdusse la paginazione, il multitasking e la memoria virtuale, mantenendo retrocompatibilità totale.
Fu il primo processore realmente "moderno" di Intel e il fondamento di tutto ciò che sarebbe seguito: pipeline superscalari, cache multilivello, branch prediction e parallelismo d'esecuzione.
L'era dei 32-bit era iniziata, e con essa la supremazia di Intel nel computing globale.

Capitolo 9: L'80486 — Integrazione, FPU e Pipeline Avanzata

9.1. Introduzione

Nel 1989, Intel presentò l'**Intel 80486**, successore diretto del 80386.
In apparenza, poteva sembrare un semplice 386 "più veloce", ma in realtà il 486 rappresentò un passo avanti epocale nell'ingegneria dei microprocessori: **introduceva la prima pipeline completa a cinque stadi**, integrava la **Floating Point Unit (FPU)** e la **cache L1 on-chip**.

Per la prima volta, un microprocessore offriva prestazioni tipiche dei minicomputer, mantenendo compatibilità totale con il software x86 esistente.

9.2. Architettura Generale

9.2.1. Pipeline a Cinque Stadi

Il 486 introdusse la prima pipeline completa in un processore Intel:

1. **Fetch**
2. **Decode**
3. **Execute**
4. **Memory Access**
5. **Write Back**

Questo permise l'esecuzione **di un'istruzione per ciclo di clock**, con un incremento prestazionale fino al 50% rispetto al 386 a pari frequenza.

9.2.2. Cache L1 Integrata

Il 486 incorporava **8 KB di cache L1 on-chip**, suddivisa in:

- 4 KB per istruzioni
- 4 KB per dati
  La presenza della cache ridusse drasticamente la latenza di accesso alla memoria principale, incrementando notevolmente l'IPC (Instructions Per Cycle).

9.3. L'Integrazione della FPU

La **Floating Point Unit**, precedentemente opzionale (coprocessore 80387), venne integrata direttamente nel die del 486DX.
Ciò rese il processore molto più efficiente nei calcoli scientifici, grafici e matematici complessi.

Per applicazioni professionali (CAD, modellazione 3D, ingegneria), il salto prestazionale fu enorme.

9.4. Ottimizzazioni Architetturali

- **Prefetch di Istruzioni** avanzato

- **Branch Prediction** primitivo, basato su logica statica

- **Bus a 32 bit sincrono** con throughput elevato

- **Modalità burst** per il trasferimento efficiente di blocchi di dati

- **Supporto per memoria cache esterna L2**

La frequenza iniziale era di 25 MHz, ma arrivò fino a 100 MHz con le versioni 486DX4.

9.5. Varianti del 486

Modello	Caratteristiche	Note
486DX	FPU integrata, cache 8 KB	Versione completa
486SX	FPU disattivata	Variante economica
486DX2	Clock interno raddoppiato	66 MHz con bus a 33 MHz
486DX4	Clock triplicato	100 MHz
486SL	Ottimizzato per portatili	Gestione energia avanzata

9.6. L'Impatto del 486 sul Software

Con il 486, Microsoft poté realizzare sistemi come **Windows 3.1** e successivamente **Windows 95**, che sfruttavano la modalità protetta e la gestione avanzata della memoria.
Le applicazioni scientifiche, CAD e di grafica 3D beneficiarono dell'integrazione FPU e delle nuove istruzioni matematiche.

9.7. Conclusione

L'Intel 80486 consolidò l'architettura x86 come piattaforma di riferimento globale.
Fu il primo processore "superscalare" concettuale, grazie alla pipeline completa, e il primo a integrare cache e coprocessore matematico.
Con esso, Intel dimostrò che la **legge di Moore** non era solo un'osservazione empirica, ma una strategia industriale.

Capitolo 10: La Famiglia Pentium — Una Nuova Era di Performance

10.1. Introduzione

Nel 1993, Intel introdusse il nome che sarebbe diventato sinonimo di potenza di calcolo: **Pentium**. Il Pentium non fu un semplice successore del 486, ma un salto concettuale. Era il primo **processore superscalare** x86, in grado di eseguire **più istruzioni per ciclo di clock** grazie a due pipeline parallele ("U" e "V").

Con esso, l'informatica personale entrò nell'era delle alte prestazioni e della multimedialità.

10.2. Architettura Superscalare

Il Pentium poteva eseguire **due istruzioni simultaneamente**:

- Pipeline **U**: istruzioni complesse
- Pipeline **V**: istruzioni semplici parallele

Questa architettura raddoppiò virtualmente le prestazioni rispetto al 486 a parità di clock.

10.3. Innovazioni Tecniche

- **Bus dati a 64 bit**, indirizzamento fino a 4 GB
- **Cache L1 da 16 KB (8+8)**
- **Branch Prediction dinamica** con algoritmo BHT (Branch History Table)
- **FPU completamente pipelinata**
- **Supporto per istruzioni dual-issue**
- **Tecnologia SuperScalar e SuperPipeline**

10.4. Frequenze e Processo Produttivo

- **Numero di transistor:** ~3.1 milioni
- **Processo produttivo:** 0.8 μm (poi 0.6 μm)
- **Frequenze:** da 60 MHz a 200 MHz

Il Pentium Pro (1995) introdusse una microarchitettura completamente nuova con **esecuzione fuori ordine (Out-of-Order Execution)** e **cache L2 integrata nel package**.

10.5. Impatto sul Mercato

Il Pentium divenne il simbolo del progresso informatico degli anni '90.
Fu adottato in milioni di PC e sistemi professionali.
Intel consolidò il proprio marchio, trasformando il nome del processore in un vero **brand di massa**.

10.6. Conclusione

Con la famiglia Pentium, Intel aprì l'era delle **architetture superscalari** e dell'esecuzione parallela.
Fu la sintesi perfetta tra compatibilità e innovazione, e il trampolino di lancio verso la modernità del computing.
Da questo momento in poi, ogni nuova generazione Intel avrebbe incarnato la missione di estendere i limiti della legge di Moore, avvicinando sempre di più la CPU all'intelligenza autonoma del software.

Capitolo 11: Unità di Controllo (CU) — Il Cervello dell'Operazione

11.1. Introduzione

All'interno di un processore, ogni operazione — dall'esecuzione di un'istruzione all'accesso alla memoria — avviene sotto il coordinamento rigoroso di un'entità centrale: l'**Unità di Controllo (Control Unit, CU)**.
La CU è, metaforicamente, **il direttore d'orchestra** della CPU: non elabora direttamente i dati, ma regola il comportamento di tutte le altre componenti, garantendo che ogni istruzione venga eseguita nel momento e nel modo corretto.

Il suo ruolo è tanto fondamentale quanto invisibile: senza la CU, l'ALU, i registri, la memoria e il bus di sistema agirebbero in modo caotico e asincrono.
In questo capitolo analizzeremo il funzionamento, le tipologie e l'evoluzione dell'Unità di Controllo nei processori Intel, dalle prime implementazioni cablate fino ai moderni sistemi microprogrammati.

11.2. Funzione Fondamentale della CU

La CU ha il compito di:

1. **Interpretare le istruzioni** prelevate dalla memoria.

2. **Generare segnali di controllo** per le varie unità funzionali (ALU, registri, bus, ecc.).

3. **Sincronizzare** il flusso dei dati e delle istruzioni.

4. **Gestire le condizioni logiche** (flag) e il controllo del flusso del programma.

In pratica, la CU traduce un'istruzione in una serie di micro-operazioni elementari, ciascuna delle quali attiva parti specifiche del processore.

Ad esempio, l'istruzione ADD AX, BX comporta una sequenza di micro-operazioni: prelievo dei registri, invio all'ALU, somma, aggiornamento dei flag e scrittura del risultato.

11.3. Tipologie di Unità di Controllo

11.3.1. Unità di Controllo Cablate (Hardwired Control Unit)

Le prime CPU, come l'Intel 4004 e 8080, utilizzavano logiche cablate composte da porte logiche e flip-flop.
I segnali di controllo erano generati da circuiti combinatori fissi, ottimizzati per la velocità ma poco flessibili.

Vantaggi:

- Altissima velocità di risposta.
- Circuito semplice e prevedibile.

Svantaggi:

- Difficile da modificare o correggere.
- Non adatta a set di istruzioni complessi (come l'x86).

11.3.2. Unità di Controllo Microprogrammata

A partire dal 8086, Intel adottò un approccio **microprogrammato**:
Le istruzioni macchina vengono tradotte in **microistruzioni**, memorizzate in una ROM interna detta **Control Store**.
Ogni microistruzione genera segnali per l'ALU, i registri e il bus.

Vantaggi:

- Maggiore flessibilità e compatibilità verso il passato.
- Facilità di aggiornamento del microcodice.
- Permette set di istruzioni complessi (CISC).

Svantaggi:

- Maggiore latenza rispetto a un'unità cablata pura.

11.4. Ciclo di Controllo e Stato della CPU

Il ciclo di controllo segue la sequenza:

1. **Fetch** dell'istruzione dalla memoria.
2. **Decode**: traduzione in microoperazioni.
3. **Execute**: attivazione dei segnali e delle unità.

4. **Write Back**: memorizzazione del risultato.

La CU mantiene costantemente aggiornati i **flag di stato**, come Zero (Z), Carry (C), Overflow (O), Sign (S) e Parity (P), che influenzano le decisioni logiche.

11.5. Evoluzione nelle Architetture Intel

Processore	Tipo di CU	Caratteristiche principali
Intel 4004	Cablate	Sequenze logiche fisse
Intel 8086	Microprogrammata	Supporto ISA x86 completo
Intel 80386	Microcodice con pipeline	Gestione paging e multitasking
Pentium	Dual-pipeline CU	Esecuzione parallela U/V
Core i7	Out-of-Order	Riordinamento dinamico delle micro-op

11.6. Il Microcodice nei Processori Moderni

Oggi il microcodice è programmabile e aggiornabile via firmware.
Intel può correggere bug hardware o introdurre nuove funzionalità (come mitigazioni per Spectre e Meltdown) senza modificare fisicamente il chip.

11.7. Conclusione

L'Unità di Controllo è il **centro nevralgico del processore**.
Da semplici circuiti cablati è evoluta in sofisticati interpreti microprogrammati, capaci di orchestrare miliardi di microoperazioni al secondo.
Senza di essa, la CPU sarebbe un insieme disordinato di transistor privi di coordinamento — la CU è ciò che trasforma il silicio in logica.

Capitolo 12: Unità Aritmetico-Logica (ALU) — Esecuzione delle Operazioni

12.1. Introduzione

L'**ALU (Arithmetic Logic Unit)** è il cuore computazionale della CPU.
È qui che "avviene il calcolo": le operazioni aritmetiche, logiche e di confronto che costituiscono l'essenza dell'elaborazione digitale.
Ogni volta che un processore somma, confronta, sposta o valuta una condizione, è l'ALU ad agire.

12.2. Struttura di Base dell'ALU

Un'ALU tipica include:

- **Ingressi:** due bus di dati (operandi A e B).

- **Controllo:** segnali provenienti dalla CU.

- **Circuiti interni:** adders, comparatori, shifters, logiche booleane.

- **Uscite:** risultato e flag di stato.

12.3. Operazioni Supportate

Categoria	Esempi di Istruzioni	Funzione
Aritmetiche	ADD, SUB, INC, DEC	Operazioni su interi
Logiche	AND, OR, XOR, NOT	Manipolazioni bitwise
Confronto	CMP	Aggiorna flag senza memorizzare
Shift/Rotate	SHL, SHR, ROL, ROR	Spostamenti e rotazioni di bit

Ogni operazione produce effetti sui flag, che influenzano le istruzioni condizionali.

12.4. ALU nei Processori Intel Storici

- **4004/8008:** ALU a 4/8 bit semplice, non pipelinata.

- **8086:** ALU a 16 bit, pipeline rudimentale.

- **80386:** ALU a 32 bit, più cicli per operazione.

- **Pentium:** due ALU parallele (U e V pipeline).

- **Core i7:** ALU multiple con esecuzione fuori ordine (OoOE).

12.5. ALU e Pipeline

Le moderne ALU sono inserite all'interno di pipeline multiple: mentre una operazione è in fase di esecuzione, un'altra può essere decodificata o scritta.

Nei processori superscalari (come il Pentium Pro), esistono più ALU indipendenti per gestire istruzioni parallele.

12.6. ALU a Virgola Mobile e SIMD

Oltre all'ALU intera, Intel ha introdotto unità specializzate:

- **FPU (Floating Point Unit):** calcoli a virgola mobile (IEEE 754).

- **MMX/SSE/AVX Units:** operazioni vettoriali SIMD per parallelismo su dati.

Queste estensioni permettono di elaborare più numeri in un'unica istruzione, essenziali per grafica, AI e crittografia.

12.7. Conclusione

L'ALU rappresenta il muscolo della CPU.
Dalla semplice logica combinatoria dei primi chip alle sofisticate pipeline vettoriali delle architetture moderne, il suo scopo resta immutato: **trasformare dati in risultati**.
Ogni bit elaborato da un computer, in ultima analisi, passa per una ALU.

Capitolo 13: Registri — Memoria ad Alta Velocità On-Chip

13.1. Introduzione

I **registri** sono la forma di memoria più veloce all'interno di un processore.
Agiscono come "taccuini temporanei" dove la CPU conserva operandi, indirizzi e risultati intermedi durante l'elaborazione.
Sono essenziali per ridurre l'accesso alla RAM, che è molto più lenta.

13.2. Caratteristiche dei Registri

- **Accesso in un ciclo di clock**

- **Larghezza pari all'architettura del processore** (8, 16, 32, 64 bit)

- **Numero limitato (decine, non migliaia)**

- **Gestiti direttamente dal microcodice e dal compilatore**

13.3. Tipologie di Registri

Tipo	Esempi	Funzione
Generali (GPR)	AX, BX, CX, DX	Operazioni aritmetiche e logiche
Segmento	CS, DS, SS, ES	Gestione memoria segmentata
Indice/Puntatore	SI, DI, BP, SP	Accesso a strutture e stack
Stato	FLAGS	Condizioni logiche
Istruzioni	IP/EIP/RIP	Indirizzo dell'istruzione corrente
Controllo	CR0–CR4	Modalità operative e paging
XMM/YMM/ZMM	SIMD	Dati vettoriali (SSE/AVX)

13.4. Evoluzione dei Registri Intel

- **8086:** 8 registri a 16 bit.

- **80386:** 8 registri estesi a 32 bit (EAX, EBX...).

- **x86-64:** 16 registri a 64 bit (RAX, RBX...).

- **AVX-512:** 32 registri vettoriali a 512 bit.

Ogni evoluzione ha incrementato il parallelismo e ridotto la dipendenza dalla memoria principale.

13.5. Il Registro FLAGS

Contiene bit di stato aggiornati ad ogni operazione:

- **ZF (Zero Flag)**
- **CF (Carry Flag)**
- **OF (Overflow Flag)**
- **SF (Sign Flag)**
- **PF (Parity Flag)**
  Questi bit determinano il comportamento di salti condizionali e routine logiche.

13.6. Registri di Controllo e Paging

Introdotti nel 80386, i **Control Register (CR0–CR4)** gestiscono modalità operative:

- **CR0:** abilita modalità protetta e paging.
- **CR3:** indirizzo della Page Directory.
- **CR4:** estensioni per multitasking, SSE, ecc.

13.7. Registri SIMD e Parallelismo

Con le estensioni MMX, SSE e AVX, Intel ha trasformato i registri in veri vettori di calcolo parallelo, capaci di elaborare fino a 32 numeri contemporaneamente.
Questo è il cuore del calcolo moderno per AI e multimedia.

13.8. Conclusione

I registri costituiscono la **memoria più intima della CPU**, il punto d'incontro tra hardware e software.
Ogni innovazione architetturale Intel ha ampliato e potenziato questo spazio privilegiato, permettendo una crescita costante delle prestazioni.
Nel prossimo capitolo, approfondiremo come i registri comunicano con il resto del sistema attraverso il **bus di sistema**, la rete neurale del processore.

Capitolo 14: Bus di Sistema — La Rete Neurale del Processore

Il **bus di sistema** rappresenta la rete di comunicazione principale attraverso cui il processore interagisce con la memoria e le periferiche. È, in senso figurato, la "rete neurale" del computer, poiché ogni segnale, dato o istruzione deve attraversarlo per essere elaborato o memorizzato.

14.1. Struttura del Bus

Il bus di sistema si compone di tre sezioni principali:

- **Bus dati:** trasporta le informazioni binarie tra CPU, RAM e periferiche.
- **Bus indirizzi:** specifica la posizione di memoria o il dispositivo a cui accedere.
- **Bus di controllo:** coordina le operazioni, segnalando letture, scritture e sincronizzazioni.

Questi tre canali lavorano in stretta sinergia per garantire comunicazione efficiente e coerente.

14.2. Larghezza e Prestazioni

La larghezza del bus dati determina quanti bit possono essere trasferiti contemporaneamente. Ad esempio, un bus a 32 bit può trasportare 4 byte per ciclo, mentre un bus a 64 bit ne può trasportare 8. Le CPU moderne come quelle basate su architettura x86-64 utilizzano bus ad altissima ampiezza, fino a 256 o 512 bit interni, per migliorare la banda passante.

14.3. Tipologie di Bus

- **Front Side Bus (FSB):** collega la CPU al Northbridge (memoria e scheda video).
- **Back Side Bus (BSB):** collega la CPU alla cache L2.
- **Bus PCI/PCIe:** gestisce la comunicazione con periferiche esterne.
- **QPI e DMI:** interfacce seriali ad alta velocità introdotte da Intel nelle architetture Core e Xeon.

14.4. Evoluzione nelle Architetture Intel

Processore
Pentium
Pentium 4
Core 2 Duo
Core i7
Core i9

14.5. Il Concetto di Latenza e Banda

Il bus è valutato in base a due parametri chiave: la **latenza** (tempo di risposta) e la **banda passante** (quantità di dati trasferibili al secondo). L'obiettivo dell'ingegneria dei bus moderni è ridurre la latenza e aumentare la banda.

14.6. Conclusione

Il bus è la linfa vitale del sistema informatico. Senza una rete di comunicazione efficiente, anche la CPU più potente rimarrebbe isolata, incapace di sfruttare la memoria o interagire con il mondo esterno.

Capitolo 15: Clock e Sincronizzazione — Il Tempo della CPU

Il **clock** è il ritmo vitale della CPU. Ogni operazione digitale è scandita da impulsi regolari generati da un oscillatore, che definisce la cadenza con cui i circuiti logici cambiano stato.

15.1. Frequenza e Ciclo di Clock

La frequenza di clock si misura in hertz (Hz) e indica il numero di cicli per secondo. Una CPU a 3 GHz compie tre miliardi di cicli ogni secondo. Tuttavia, la frequenza non è l'unico parametro determinante: l'efficienza dell'architettura e il numero di istruzioni per ciclo (IPC) contano quanto e più della pura velocità.

15.2. Pipeline e Timing

Ogni ciclo di clock scandisce le fasi della pipeline: fetch, decode, execute, memory e write-back. Un errore di sincronizzazione può compromettere l'intera esecuzione di un programma, da cui l'importanza del **clock gating** e della **sincronizzazione di front-end e back-end**.

15.3. Moltiplicatori e Bus Ratio

Nei processori moderni, la frequenza interna è il prodotto tra la frequenza del bus e un moltiplicatore. Ad esempio, un Core i7 con FSB a 100 MHz e moltiplicatore 36 opera a 3,6 GHz. Questa tecnica consente di mantenere stabile la comunicazione esterna, aumentando la velocità interna.

15.4. Overclock e Thermal Throttling

L'**overclocking** aumenta il moltiplicatore o la tensione di alimentazione per incrementare la frequenza di lavoro. Tuttavia, ciò genera più calore e può ridurre la stabilità. Intel introduce meccanismi di protezione come il **Thermal Throttling**, che riduce automaticamente la frequenza in caso di surriscaldamento.

15.5. Architetture Multi-Core e Sincronizzazione

Ogni core della CPU ha il proprio dominio di clock, sincronizzato con gli altri tramite reti distribuite. Tecniche come **clock mesh** e **phase-locked loop (PLL)** mantengono la coerenza temporale tra i core.

15.6. Conclusione

Il clock è il tempo dell'elettronica digitale. Ogni innovazione, dal pipelining alla parallelizzazione, nasce dal desiderio di sfruttare al massimo ogni ciclo disponibile. Come un metronomo perfetto, il clock trasforma il silicio in sinfonia computazionale.

Capitolo 16: Pipeline di Istruzioni — L'Arte dell'Esecuzione Parallela

La **pipeline** è una tecnica che consente di suddividere l'esecuzione di un'istruzione in più fasi, permettendo al processore di lavorare su più istruzioni contemporaneamente. È il principio che ha reso possibile l'aumento esponenziale delle prestazioni senza incrementare la frequenza di clock.

16.1. Concetto di Base

La pipeline funziona come una catena di montaggio: mentre un'istruzione è in fase di esecuzione, la successiva può essere decodificata e un'altra ancora prelevata dalla memoria. Questo flusso continuo riduce i tempi morti e migliora l'efficienza.

16.2. Fasi Tipiche della Pipeline

1. Fetch — Prelievo dell'istruzione dalla memoria.
2. Decode — Traduzione dell'istruzione in segnali di controllo.
3. Execute — Elaborazione da parte dell'ALU o delle unità funzionali.
4. Memory Access — Lettura o scrittura in memoria.
5. Write Back — Aggiornamento dei registri con i risultati.

16.3. Hazard e Soluzioni

Gli **hazard** (conflitti) sono eventi che interrompono la pipeline:

*   **Data hazard:** dipendenze tra istruzioni consecutive.
*   **Control hazard:** salti condizionali imprevedibili.
*   **Structural hazard:** conflitti di risorse hardware.

Per risolverli si utilizzano tecniche come il **branch prediction**, il **pipeline stall** e il **data forwarding**.

16.4. Pipeline Superscalare e Dinamica

I processori Pentium introdussero pipeline parallele (U e V) per eseguire due istruzioni per ciclo. Le architetture successive (Core, Xeon) sono diventate **superscalari**, con più unità di esecuzione indipendenti ed **esecuzione fuori ordine (OoOE)**.

16.5. Profondità della Pipeline

Aumentare il numero di stadi consente di raggiungere frequenze più alte, ma aumenta anche la complessità e il rischio di stall. Il Pentium 4, ad esempio, aveva una pipeline di 20 stadi, mentre le architetture Core moderne si attestano tra 12 e 19.

16.6. Branch Prediction e Speculative Execution

La predizione dei salti permette di evitare interruzioni nella pipeline. Se la previsione è corretta, l'esecuzione procede senza pausa; in caso contrario, le istruzioni errate vengono annullate. L'**esecuzione speculativa** è oggi standard nei processori Intel, pur essendo fonte di vulnerabilità come Spectre.

16.7. Conclusione

La pipeline rappresenta l'essenza dell'efficienza moderna. Senza di essa, l'aumento delle prestazioni sarebbe limitato dalla fisica stessa del silicio. È grazie alla pipeline che ogni ciclo di clock diventa un passo verso l'infinito calcolo parallelo.

www.ingramcontent.com/pod-product-compliance
Lightning Source LLC
LaVergne TN
LVHW051326050326
832903LV00031B/3390